퍼실리테이터의 비판적 성찰과 자기개발

퍼실리테이터의
비판적 성찰과 자기개발

이연주

역락

퍼실리테이터의 비판적 성찰과 긍정심리자본

성찰을 통해 실수를 개선하고 발전의 계기를 만들어나갈 수 있기 때문에 퍼실리테이터는 자신을 성찰하고 비판적 성찰행동을 통해 발전할 수 있다. 퍼실리테이터의 성찰 수준이 긍정심리자본과 비판적 성찰 업무 행동과 어떤 관계가 있는지 고찰하여 성찰이 행동과 연결되도록 노력하는 환경을 만드는 데 이 책의 목적이 있다. 이 연구는 강사, 교사, 교수자, 코치, 컨설턴트, 촉진자, 지원자, 조직의 리더를 포함하는 광의의 퍼실리테이터를 대상으로 하였다. 퍼실리테이터로서 각 지역의 평생학습센터, 연수원, 학교와 기업 및 시민단체에서 더 나은 문제해결을 위해 노력하는 퍼실리테이터들에게 자기 개발의 이론적 토대를 제공하고자 한다.

첫째, 비판적 성찰 업무 행동을 촉진하기 위해서 퍼실리테이터는 비판적으로 성찰하는 퍼실리테이터가 되어야 한다. 둘째, 이를 위해서 퍼실리테이터 본인의 성찰 학습 수준과 긍정심리자본에 관심을 기울이고 향상시키기 위해서 노력해야 한다. 셋째, 퍼실리테이터가 속한 조직은 퍼실리테이터의 성찰 학습 수준과 긍정심리자본의 향상을 위한 일터환경과 방안을 제공해야 한다. 넷째, 퍼실리테이터는 비판적 성찰 업무 행동을 통해서 학습자가 비판적으로 성찰할 수 있도록 돕고, 이러한 학습 환경 조성을 위해 노력해야 한다.

이 책을 통해서 퍼실리테이터의 성찰이 학습자와 퍼실리테이터 모두의 발전을 이끄는 길을 발견하길 바란다.

2022. 11.
이연주

차례

퍼실리테이터에게
성찰은 왜 필요한가?

불확실성과 통제 불능을 특징으로 하는 위험사회를 살아가는 개인과 조직의 리더들은 기존의 지식과 경험, 문제해결 방식으로는 감당할 수 없는 상황에 직면하면서 새로운 출구가 필요하게 되었다. 특히 현대 사회의 주역인 전문가들은 진리가 없는 반복적 행동과 기술적 합리성의 울타리에 갇혀 있다는 비판을 받아왔다. 실천적 지식에서 '행위 중 성찰'로, 기술적 합리성에서 비판적 성찰에 기반한 성찰적 실천으로의 전환이 필요한 시점이다. 기존의 사고방식과 지식을 뛰어넘어 고정관념을 깨트리고 새로운 관점으로 문제를 바라볼 수 있는 능력이 요청된다. 그것이 다름 아닌 비판적 성찰이다.

위험사회와 함께 현대 사회의 특징으로 볼 수 있는 프레임 전쟁에서 개인과 조직은 매스미디어와 지배 권력에 의해 일방적으로 설정된 프레임에 따라 판단의 길을 잃기 쉽다. 프레임 전쟁시대에 개인과 조직의 리더인 퍼실리테이터에게는 프레임을 분석 및 해체하고 재구성할 수 있는 비판적 성찰이 더욱 요구된다. 심원하고 극적이며 광범위한 사회적 프레임의 변화를 학문적 수준에서는 '패러다임 변화'라고 하고, 개인적 프레임의 변화를 '전환학습'이라고 한다. 전환학습은 곧 성찰 학습이 된다. 비판적 성찰은 전환학습의 모든 과정에서 핵심적인 요소이다.

비판적 성찰은 개인에게 영향을 미치는 복잡한 문제를 해결할 때 고려되어야 하는 과정뿐만 아니라 공동체와 사회적이고 정치적인 영향력을 갖는 해방적 실천이론까지 연결된다.

비판적 성찰은 개인의 삶에서부터 사회공동체의 발전에까지 긍정적인 영향을 주기 때문에 성인교육과 고등교육의 주요한 목적으로써 중시되고 있다. 미국에서는 레이건 행정부 시절 「위기에 처한 국가(1983)」라는 교육개혁 보고서가 발표된 이후 뉴욕타임즈와 교육계 저널들이 앞 다투어 시민들의 비판적 성찰 능력이 국가의 경쟁력을 향상하고 민주시민의 자질을 함양하는 데 도움을 주므로 국가적 우선순위를 두어 개발해야 한다고 강조하였다.

국내에서도 비판적 성찰을 강조한다. 다만 비판적 성찰보다는 비판적 사고라는 용어를 더 많이 사용한다. 제도적으로는 비판적 사고능력 개발이 초등교육부터 대학교육에 이르기까지 교육의 핵심 목표로 중시되고 있다. 그러나 비판적 사고를 하는 인재를 시민사회와 정치적 이익을 가져다줄 창조적 인력으로 보는 외국의 사례와 비교해 볼 때, 비판적 사고에 대한 인식은 문제해결을 위한 도구 또는 비판적 사고기법에 치중되어 있다.

인적자원개발 분야에서도 전통적인 인적자원개발이 현상 유지와 기존의 규칙과 가정을 받아들이는 차원의 학습만을 강조하는 점을 비판하면서 비판적 인적자원개발에 대한 논의가 점차 증가하고 있다. 앞으로의 인적자원개발은 전형적인 교육형식인 학습자와 퍼실리테이터의 수평적 교류에 그칠 것이 아니라 사회적 체제와 정치권력의 영향력까지 고려하는 역동적인 비판적 성찰의 장을 제공할 필요가 있다.

이러한 비판적 인적자원개발의 도래와 비판적 성찰의 만남은 인적자원개발의 실천적 전문가인 퍼실리테이터에게도 비판적 성찰에 관한 관심과 구체적 실천을 요구한다. 퍼실리테이터는 학습맥락에서의 역할 외에도 다양한 분야에서 조직학습과 성과창출의 전문가로 인정받고 있다. 퍼실리테이터는 교수자 뿐만 아니라 강사, 교사, 트레이너를 포함한 다양한 영역의 전문가들이 자신을 지칭할 때 사용하는 명칭이다. 주류의 교육계 저널에서도 퍼실리테이터라고 표현하는 것이 점차 일반화되고 있다. 퍼실리테이터의 역할이 다양화되고 증대됨에 따라 교수자 외에 기업의 리더, 트레이너, 지원자까지 그 영역이 확대일로에 있다. 최근에는 온라인기반 학습의 소셜 멘토의 역할까지 확대되는 추세이다. 오늘날 퍼실리테이터는 전문성 개발을 촉진하는 전문인으로서 그 위상을 굳혀가고 있다.

이렇게 퍼실리테이터의 수요가 증가하고 전문화되고 있지만 퍼실리테이터 성장의 근본이 되는 철학과 가정에 대한 비판적 성찰은 거의 다루어지지 않고 있다. 퍼실리테이터는 학습자의 경험을 성찰로 연결하는 교량역할로서 자신의 성찰 수준을 향상해야 할 전문가적 책무와 대상자의 성찰을 촉진해야 할 과제를 동시에 안고 있다. Freire(2000)는 퍼실리테이터의 이러한 특성을 '가르치면서 동시에 배우는 존재'라고 하였다.

비판적 성찰은 가르치면서 동시에 배우는 존재로서의 퍼실리테이터가 갖추어야 할 핵심 역량으로서 직접적으로는 퍼실리테이터의 직업적 실천과 학습의 성과를 깊이 있게 만들어주는 역할을 한다. 간접적으로는 퍼실리테이션에 참여한 대상자들이 정치적으로 민주 시민의 자질을 함양하고, 일터에서는 행복을 얻고, 개인적으로 의미 있는 인간관계를 만들도록 도움을 준다(Kreber, 2012). 따라서 비판적으로 성찰하는 퍼실리테이터가 되는 것은 간과할 수 없는 교육 문제이다.

비판적 성찰이 전문가로서 직업적 실천의 질을 향상하고 결과적으로 성과에도 긍정적인 영향을 준다는 결과가 증명되면서 교사 교육 분야, 사회복지와 의료분야에서 기업경영분에 이르기까지 그 연구와 필요성의 영역을 넓혀가고 있다(권인각, 박승미, 2007; 김희영, 장금성, 2013; 유영준, 2009; 이진향, 2002; Chan & Chan, 2004; Cotter & Cullen, 2012; Fendler, 2003; Høyrup, 2004; Rigg & Trehan, 2008; Taylor, 2001; Tikkamäki & Hilden, 2014; Van Seggelen-Damen & Romme, 2014). 인적자원개발 분야도 성찰적 실천에 관심을 갖고 관련 연구들을 활발하게 발표하고 있다(김은영, 김정현, 최예솔, 2011; 유병민, 전종철, 박혜진, 2013; 장선영, 박인우, 기창원, 2010; 최지원, 현영섭, 2014; Dunlap, 2006; Hekimoglu & Kittrell, 2010; Nakamura & Yorks, 2011). 교사 교육에서 교사의 성찰, 의료와 사회복지의 전문가 성찰, 경영에서 경영자의 성찰은 행위의 주체인 전문가를 대상으로 활발하게 성찰연구가 이루어지고 있다. 하지만 이와 비교할 때 인적자원개발의 핵심 역할이자(Gilley, Eggland, & Gilley, 2002) 학습과 문제해결의 전문가인 퍼실리테이터의 성찰 수준에 대한 연구는 미진한 실정이다.

퍼실리테이터의 성찰 연구가 부족한 원인은 퍼실리테이터가 비교적 최근에 부상하였으며, 다소 기능적 역할로 인식되었다는 점과 성찰 연구가 가진 한계점에서 찾을 수 있을 것이다. 성찰을 인지적 사고 과정으로 접근하는 경향은 성찰을 구체적으로 관찰하고 측정하기 어렵게 만들어 성찰 연구의 한계로 지적되어 왔다(De Groot, Van den Berg, Endedijk, Van Beukelen, & Simons, 2011; Marsick, 1988; Schippers, Den Hartog, Koopman, & Wienk, 2003). 이러한 성찰 연구의 한계를 극복하고 실질적으로 성찰을 측정하고 구체화하기 위해 Schön(1983), Brookfield(1995), Marsick(1988) 등이 실생활에서 비판적 성찰을 할 수 있도록 구체적인 행동을 제시하기도 하였다.

Van Woerkom과 Croon(2008)은 기존 연구를 바탕으로 일터에서의 성찰을 구체적으로 측정할 수 있도록 비판적 성찰 업무 행동으로 개념화하였다. 비판적 성찰 업무 행동은 그룹 또는 조직에서 개인의 사고와 사회적 상호작용이 가시화된 비판적 성찰의 결과 행동을 의미한다. 비판적 성찰 업무 행동의 측정이 가능해짐에 따라 조직에서 일어나는 성찰을 구체적인 결과행동으로 측정한 연구 결과들이 발표되기 시작하였다(김태길, 2014; 정미영, 2012; 최지원, 정진철, 2012; De Groot et al., 2011; De Groot, Endedijk, Jaarsma, Simons, & Van Beukelen, 2014). 비판적 성찰 업무 행동의 개념화는 학습과 문제해결의 전문가이자 학습에 가장 큰 영향력을 미치는 퍼실리테이터(King, 2000, 2004)의 성찰 수준이 비판적 성찰 업무 행동에 어떤 영향을 미치는지를 검토할 수 있는 중요한 근거를 마련해주었다.

언급한 바와 같이 성찰이 성과에 긍정적인 영향을 준다는 연구가 많지만, 불행히도 생각과 사고가 직접적으로 행동으로 연결되지는 않는다(Boud et al., 1987). 따라서 퍼실리테이터의 성찰 수준과 비판적 성찰 업무 행동의 관계와 함께 이 변수들 사이에서 간접적으로 영향을 주는 요인에 관한 연구도 매우 중요하다. 매개효과 연구는 최근 HRD 분야에서 증가하고 있는데, 소수 변인 간의 관계만으로 복잡한 현상을 총체적으로 설명하기 부족하므로 다수의 변인의 영향 관계를 함께 고려하여 보려는 노력으로 해석된다(이현응, 2014). 따라서 비판적 성찰 업무 행동에 영향을 주는 요인을 함께 고려하고자 한다.

비판적 성찰과 긍정심리자본, 비판적 성찰 업무 행동의 관계에서 매개 변인으로써 긍정심리자본이 퍼실리테이터의 수행 결과에 영향을 준다는 것을 선행연구로 확인하였다. 성인 학습자들은 스트레스를 받지 않는 긍정적인 환경과 퍼실리테이터의 긍정적인 정서에 의해 효과적인 학습이 가능하다(김근우, 이현정, 2005, MacKeracher, 2004). 퍼실리테이터는 가르치면서 자신을 재형성하고, 학습자는 배우면서 퍼실리테이터를 통해 자신을 스스로 형성한다(Freire, 2000). 따라서 퍼실리테이터의 긍정심리자본은 비판적 성찰 업무 행동뿐 아니라 학습자의 학습에도 영향을 미치는 중요 요인이다.

비판적 성찰 업무 행동을 잘하기 위해서 성인들은 '자신과의 내적 대화'(Schön, 1983)와 같은 성찰과정을 거쳐서 과거의 경험과 현재의 행동을 연결시킨다(Caffarella & Barnett, 1994). 이러한 성찰과정은 자기효능감에 긍정적인 영향을 준다는 것이 여러 연구로 증명되었다(김은영 외, 2011; 유병민 외, 2013; Dunlap, 2006; Hekimoglu & Kittrell, 2010). 성찰은 자기효능감을 포함한 개인의 강점과 긍정적 정서를 형성하는데 기여한다(Korthagen & Vasalos, 2005).

성찰 때문에 영향받는 자기효능감은 비판적 성찰 업무 행동을 긍정적으로 예측한다(Van Woerkom, Nijhof, & Nieuwenhuis, 2002; De Groot et al., 2011). De Groot와 동료들(2011)은 비판적 성찰 업무 행동을 촉진하기 위한 사회적 어포던스(social affordance)로써 자기효능감이 심리적 매개 역할을 한다고 밝혔다. 자기효능감은 긍정성, 희망, 탄력성과 함께 긍정심리자본의 중요한 구성요인이라는 것을 기존 연구에서 증명되었다(Luthans, Avolio, Avey, & Norman, 2007; Luthans, Norman, Avolio, & Avey, 2008; Luthans & Youssef, 2007; Stajkovic & Luthans, 1998).

긍정심리자본은 개인의 심리적 강점을 활용하여 목표를 달성하고 성과를 향상시킬 수 있는 개인의 긍정적 심리상태를 의미한다(Luthans, 2002a, 2002b). 자기효능감 외에 나머지 세 가지 구성요소인 긍정성, 희망, 탄력성도 학습되고 훈련될 수 있는 긍정심리자본의 구성요소로써 퍼실리테이터의 성찰 수준에 따라 강화되고 영향을 받을 것으로 예측된다. 따라서 긍정

퍼실리테이터의 비판적 성찰과 자기개발

심리자본은 성찰 수준에 의해 영향을 받는 동시에 그 역할은 비판적 성찰 업무 행동의 발현을 돕는 유용한 심리적 매개체(Billett & Pavlova, 2005)라고 볼 수 있다.

긍정심리자본의 구성요소인 희망, 탄력성과 비판적 성찰의 관계는 Freire의 교육학에서도 확인된다. Freire는 「희망의 교육학」에서 '검증되지 않은 실현가능성(untested feasibility)'이라는 개념으로 희망을 표현하였다. 검증되지 않은 실현가능성은 '가능한 꿈(possible dream)'에 대한 확신과 유토피아에 대한 믿음(Freire, 2004)을 뜻한다. 이는 곧 긍정심리자본의 희망이 가진 의미와 통한다. Freire(2004:181)는 개인이 느끼는 장애물과 방해를 '한계상황'이라 하고 이에 대한 대처행동을 '한계행동'이라고 표현하였다. 이 한계행동은 역경을 이겨내고자 하는 긍정심리자본의 탄력성을 의미한다. Freire는 인간이 한계행동을 시작할 때 '비판적 성찰'이 일어난다고 하였다. 비판적 성찰은 인간이 한계상황을 만났을 때 시작되고, 긍정심리자본은 한계행동을 일으키는 중요한 개인의 자원임을 통찰한 표현으로 보인다.

개인수준의 학습과 성장이 조직과 구성원의 역량 발전으로 연결되는 지점에 바로 퍼실리테이터가 위치한다. 퍼실리테이터는 개인수준의 비판적 성찰을 통해 직업적 실천의 깊이를 더해야 할 뿐만 아니라 학습자의 수행과 비판적 성찰 능력을 이끌어야 하는 이중의 책임을 진다. 그러나 정작 퍼실리테이터가 주체가 된 성찰연구는 아직 본격적으로 이루어지지 않고 있다. 이에 본 저서는 퍼실리테이터의 성찰과 발전을 위한 긍정심리자본을 함께 통찰하여 퍼실리테이터의 자기 발전에 기여하고자 한다.

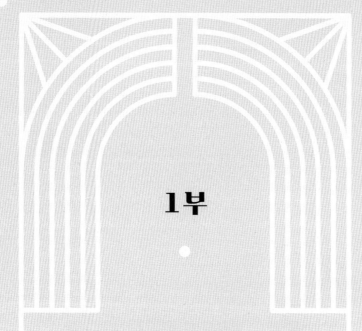

1부

퍼실리테이터와 성찰

1. 퍼실리테이터

1. 개념과 역할

퍼실리테이션은 일반적 의미로 팀이나 그룹 또는 개인이 당면한 문제를 효과적으로 해결하고 목표를 달성하도록 촉진하고 도움을 주는 활동이다(Schwarz, 2002). 역할 정의에 따라 퍼실리테이션 역할을 수행하는 사람이 곧 퍼실리테이터이다. Bens(2008)는 그룹이 기대하는 목표를 효과적으로 달성하도록 구조와 과정에 기여하고 돕는 사람으로 정의하기도 하였다. 기존의 학습상황에서 교수자에 한정되던 협의의 정의에서 퍼실리테이터의 활동과 역할이 다양해지면서 활동 영역과 내용 전문성, 의사결정 권한에 따라 광범위한 정의가 가능하다.

기업조직의 맥락에서 Weaver와 Farrell(1997)은 그룹이 목표를 달성하고 협조하는 방식을 개선할 수 있도록 도와주는 사람으로 정의하였다. 그룹 또는 팀이 효과적으로 목표 달성을 하도록 돕는 역할을 공통으로 의미한다. 이런 의미로 액션 러닝에서는 코치라는 용어로 불리기도 한다(Sofo, Yeo, & Villafañe, 2010). 카운슬링과 학습맥락에서는 학습자가 새로운 경험과 활동에 도전하는 것을 돕고 학습자 간의 상호작용을 촉진하여 학습자가 신뢰롭고 성숙한 인간관계를 형성하도록 도움을 주기 때문에 퍼실리테이터의 가장 이상적인 모습을 표현하는 단어로 'helper'라는 용어를 사용하기도 한다(Brookfield, 1986).

전통적인 용어로 교수자(instructor) 또는 강사라는 단어가 일반적으로 많이 사용되고 있지만, 퍼실리테이터는 성인 학습맥락에서 '학습의 전문가(learning specialist)'로서 일반적으로 교수자라는 용어보다 더 포괄적이고 전문적인 용어로 사용된다(Nadler & Nadler, 1989). 교육의 목적은 지식의 단순한 전달이 아닌 학습의 촉진에 있고, 교수자는 촉진자가 되어야 한다(Knowles, Swanson, & Holton, 2005)는 말이 힘을 얻어가고 있다. 교수자뿐만 아니라 강사, 교사, 트레이너를 포함한 다양한 영역의 전문가들이 자신을 퍼실리테이터라고 스스로 지칭하고 주류의 교육계에서도 퍼실리테이터라고 표현하는 것이 점차 일반화되고 있다(Brookfield, 1986).

퍼실리테이터는 성인교육자에게 요구되는 역할 중 가장 많이 언급되고 있다(권두승, 2006; Gilley et al., 2002; Knowles et al., 2005; Merriam, Caffarella, & Baumgartner, 2007). 인적자원개발 분야에서도 '촉진자(facilitator)'를 인적자원개발 전문가의 가장 중요한 역할로 강조하고 있다. 자유롭고 개발적인 학습 분위기를 조성하고 학습자의 적극적 참여를 촉진하기 위해서 퍼실리테이터의 역할은 중요성을 더해가고 있다. 즉 퍼실리테이터는 학습의 촉진자로서 새로운 아이디어나 사실, 개념, 이론의 전달보다 학습자의 경험을 활용하여 학습자가 의미 있는 깨달음을 얻을 수 있도록 돕는데 주안점이 있다. 성인 학습에서 퍼실리테이터의 역할은 학습의 촉진자이자 동기 유발자, 안내자로서 교과 중심적이고 내용 중심적인 아동 학습자와 비교해 과업 중심적이고 문제 중심적인 성인 학습자의 특성을 고려하여 그들의 학습 효과를 극대화한다(권두승, 2006; 김미정, 유영만, 2003; Knowles,

1980). 따라서 퍼실리테이터는 적절한 적용 능력과 적합한 이해력을 갖추어, 학습자가 가진 지식의 수준에 깊이를 더하고 학습자의 경험을 구체화하는 역할을 한다(Gilley et al., 2002).

퍼실리테이션은 영역을 가리지 않고 확산하고 있고, 퍼실리테이터도 다양한 영역에서 조직학습과 성과 창출의 전문가로 인정받고 있다(Hogan, 2002). 조직 내 퍼실리테이터의 중요성이 증대됨에 따라 학습맥락뿐만 아니라 최근에는 각 조직에서도 소집단 회의나 프로젝트 추진, 문제해결과 의사결정 시에도 퍼실리테이터를 활용하는 경우가 증가하고 있다(송영수, 2010).

디지털기기의 발달과 온라인기반 학습의 활성화로 퍼실리테이터의 영역은 소셜네트워크 멘토에까지 확장되었다. 경계가 없는 학습공간에서 학습자의 자기주도학습과 자발적 참여를 끌어내기 위해서 소셜멘토는 전문적 식견과 함께 퍼실리테이션 역량을 함께 갖출 것을 요구받고 있다(전주성, 2014). 성공적인 퍼실리테이션을 위해서는 조직의 상황과 해결과제, 목적에 적절한 퍼실리테이터의 역할 규명 및 팀과의 관계에 적합한 역할을 선택하는 것이 중요하다(홍아정, 백평구, 조윤성, 2012).

2. 퍼실리테이터의 유형

퍼실리테이션의 수요증가와 전문화는 여러 영역에서 이뤄지고 있다(송영수, 2010; 오성숙, 이희수, 2014; Hogan, 2002; Hunter et al., 1999; Lee & Kolb, 2013; Weaver & Farrell, 1997). 퍼실리테이션의 확산은 각 분야에서 일어나는 민주주의적 접근에 힘입은 바 크다. 구체적으로 퍼실리테이션의 확산은 경영관리 분야에서 참여적 관리의 성장, 교육 분야에서 지도전달식 방법에서 경험적 교육 방법으로의 변화, 산업 분야에서 지원하고 돕는 직업의 성장, 정치 분야의 풀뿌리 공동체의 발달, 액션리서치와 같은 연구 방법의 증가에 기인한다(Hogan, 2002).

퍼실리테이터의 활동이 활발해지고 그 유용성이 증명되면서 퍼실리테이터의 유형도 다양해졌다. 전통적인 퍼실리테이터로서 학습상황에서 교수자에 한정되던 유형에서 퍼실리테이터의 활동 영역과 내용 전문성, 의사결정 권한에 따라 컨설턴트, 코치, 트레이너, 리더 등으로 다양화 되었다(Schwarz, 2002). Schwarz(2002)는 활동 영역에 근거하여 조직 내부에서 활동하는지와 외부에서 활동하는지를 구분하여 외부에서 활동할 때 제3 자로 구분하였다. 프로세스의 진행에 관여하면 프로세스 전문가로 표현하고, 퍼실리테이터의 지식을 내용으로 전달하면 내용 전문가로 기준을 나누었다. 의사결정 권한의 유무도 퍼실리테이터의 유형을 나누는 기준이 되었다. 활동 영역 및 내용과 프로세스 관여 여부, 의사결정 여부를 기준으로 퍼실리테이터를 다섯 가지 유형으로 분류하였다.

많이 언급되었던 전통적 퍼실리테이터 이외의 나머지 네 가지 유형을 구분하면 다음과 같다. 첫째, 퍼실리테이터형 컨설턴트는 외부의 전문가로서 고객의 의사결정에 도움을 주는 역할을 한다. 고객이 원하는 특수한 분야의 전문가로서 해당 사항과 관련된 다양한 사례와 필요한 정보를 제공한다. 둘째, 퍼실리테이터형 코치는 기업의 임원이나 리더들을 돕기 위해 최근 기업에서 활동이 많이 증가하고 있다. 퍼실리테이터형 코치의 핵심적 역할은 사람들이 자신의 모습과 행동을 돌아보고 성찰하도록 돕고 효과적인 학습이나 수행을 통해 성과를 내도록 이바지하는 것이다. 셋째, 퍼실리테이터형 트레이너는 컨설턴트와 같이 전문적 지식을 가지고 참

퍼실리테이터의 비판적 성찰과 자기개발

가자와 지식을 공유한다. 이 과정에서 퍼실리테이션 스킬들을 사용하여 참가자의 학습과 경험을 촉진하도록 돕는다. 넷째, 퍼실리테이터형 리더는 통상 조직에 속해서 효과적으로 그룹의 목표를 달성하도록 돕는다. 퍼실리테이터로서 지원하고 돕는 임무를 수행하는 동시에 리더로서 강한 리더십을 보여야 하므로 퍼실리테이터 중 가장 어려운 역할에 해당한다 (Schwarz, 2002:42-44).

    〈표 Ⅰ-1〉은 퍼실리테이터의 광의적 정의에 따라 퍼실리테이터, 퍼실리테이터형 컨설턴트, 퍼실리테이터형 코치, 퍼실리테이터형 트레이너, 퍼실리테이터형 리더의 다섯 유형을 나타낸다.

〈표 Ⅰ-1〉 퍼실리테이터 역할의 다양한 접근

퍼실리테이터	퍼실리테이터형 컨설턴트	퍼실리테이터형 코치	퍼실리테이터형 트레이너	퍼실리테이터형 리더
제3자	제3자	제3자 또는 팀 구성원	제3자 또는 팀 구성원	팀 리더 또는 구성원
프로세스 전문가	프로세스 전문가	프로세스 전문가	프로세스 전문가	프로세스에 능숙
내용에 중립적	내용전문가	내용에 참여	내용전문가	내용에 참여
내용에 대한 의사결정권 없음	내용에 대한 의사결정에 참여가능	내용에 대한 의사결정에 참여가능	교실 내에 한해 내용에 대한 의사결정 참여가능	내용에 대한 의사결정에 깊이 참여
강사, 교수자	컨설턴트	지원자, 촉진자, 코치	평생교육강사, 교수자	조직의 리더

출처: Schwarz(2002:41); 연구자 일반 명칭 추가.

기업조직의 리더로서 퍼실리테이터의 소임을 수행은 퍼실리테이터형 리더는 '지시와 통제'를 강조하는 기존의 관리자와 다르고, 비전을 제시하는 리더의 역할과도 상충될 경우도 있다. 그런데도 기업의 리더가 퍼실리테이터의 역할을 잘 수행했을 때 그룹의 성과에 더욱 긍정적인 영향을 주는 것으로 나타났다. 퍼실리테이터형 리더는 기업의 리더에게 점점 더 중요하게 요구되는 역할이다(Weaver & Farrell, 1997).

전통적인 퍼실리테이터로 여겨졌던 강사, 교수자에서 코치와 컨설턴트와 같은 지원자와 촉진자의 역할까지 그 개념이 확장되어 퍼실리테이터의 자원도 다양해지는 추세이다(Hogan, 2002). 변화하는 조직 환경과 리더에 대한 기대 역할이 달라지고 민주적인 의사소통에 대한 요구가 확산하면서 퍼실리테이션이 새로운 리더십의 대안으로 제시된 지 오래다(Jenkins & Jenkins, 2006; Weaver & Farrell, 1997). 다양한 역할과 유형이 있고 그 활용맥락이 광범위하지만 개인 또는 그룹이 목적을 달성하도록 돕고 촉진하는 역할이라는 점은 공통적이다(Hogan, 2002). 이러한 이유로 이 연구에서도 퍼실리테이터의 범위를 협의의 강사와 교수자에 한정하지 않고 광의의 정의로 강사, 교수자, 지원자, 촉진자, 컨설턴트, 코치와 기업의 리더를 포함하여 진행하고자 한다.

3. 연구동향

퍼실리테이터에 관한 연구는 퍼실리테이터의 역할을 정의하고 규명하는 단계에서 역량을 탐색하고, 중요성과 인식수준, 역량 모델을 제시하는 흐름으로 진행되었다. 퍼실리테이터의 역할을 명확화하고 발전시키기 위해 퍼실리테이터에게 필요한 역량들이 여러 연구(백수정, 이희수, 2012; 송영수, 2010; 오성숙, 이희수, 2014; 홍아정 외, 2012; 홍진용, 2009; Kolb, Jin, & Song, 2008; Pierce, Cheesebrow, & Braun, 2000; Wardale, 2008)에 의해 제시되었다.

퍼실리테이터의 역량을 Pierce 외(2000)는 여섯 가지의 범주와 지식, 기술, 태도의 세 가지 하위영역으로 나누어 열여덟 개의 역량을 제시했다. 여섯 가지의 범주는 전문가적 성장, 협력적 파트너십, 참여환경 조성, 다양한 감각적 접근법 활용, 그룹활동 조성, 완전한 삶의 헌신으로 구성된다. 이 열여덟 개의 역량은 국제퍼실리테이터협회(International Association of Facilitator, IAF)가 제시한 역량 모델의 기초가 되었다. 그 외 연구로는 퍼실리테이션의 대상자에 따라 소그룹 퍼실리테이터 역량으로 스물세 가지의 우선순위를 도출한 연구(Kolb et al., 2008), 퍼실리테이션의 스킬을 상·중·하의 수준으로 제시한 연구(Wilkinson, 2004), 여러 연구자가 다양하게 제시한 역량을 네 가지 개념으로 분류한 연구(Wardale, 2008) 등이 있다.

퍼실리테이터에 대한 국내연구는 주로 역량 및 인식 수준을 중심으로 이루어졌다. 기업 내 퍼실리테이터(송영수, 2010), 소그룹 퍼실리테이터(염우선, 송영수, 2011), 중등학교 교감(정연수, 최은수, 2012), 성인교육 퍼실리테이터 역량(백수정, 이희수, 2012), 일터학습자(오성숙, 이희수, 2014)에 대한 역량 탐색 및 필요 수준 분석연구 등이 있다.

퍼실리테이터의 활동 범위와 중요성이 높아지면서 퍼실리테이터 교육을 위한 과정 개발 연구도 활발해졌다. 문제 중심학습 기반의 퍼실리테이터 육성 프로그램 개발(박수홍, 김두규, 홍진용, 2012), 농촌진흥공무원 전문지도연구회 퍼실리테이터 교육과정 설계(홍아정 외, 2012), 교원 퍼실리테이터 수행지원강화 연수 프로그램 개발(정주영, 홍광표, 2010) 연구 등이 있다. 국내 퍼실리테이터 연구도 역량과 인식 수준을 밝히는 차원에서 조금 더 세

분된 전문분야로 확대되고 있다. 평생교육자의 퍼실리테이션 역량진단척도개발(백수정, 2013)과 퍼실리테이션 프로그램 효과성 분석 연구(이연주, 이희수, 2014)와 같이 점점 다양화하고 있다.

　　퍼실리테이터의 비판적 성찰과 자기개발

2. 퍼실리테이터의 교육과 성찰 수준

1. 퍼실리테이터의 교육

민주주의적 접근 방법이 확산함에 따라 퍼실리테이터의 수요가 증가하고 전문화되는 추세는 퍼실리테이터의 자질과 교육에 관한 논의를 불러일으켰다. 그동안 퍼실리테이터 교육은 기술과 방법론 중심이었으며, 퍼실리테이터의 성장에 도움이 되는 철학과 가정에 대한 성찰은 거의 다뤄지지 않았다(Hogan, 2002; Hunter et al., 1999; Thomas, 2004, 2008).

Giddens(1996)는 행동과 동기를 인식하는 수준에 따라 의식의 수준을 무의식, 실천적 의식, 담론적 의식의 세 가지로 나누어 제시한 바 있다. 퍼실리테이터는 과정 참가자들에게 대화와 프로세스 진행을 통해서 목표가 되는 행동을 보여주고, 개인적 자각을 촉진하고 과정의 숨겨진 의도를 명확히 보여줘야 한다(Brookfield, 1995). 따라서 퍼실리테이터는 자신의 의도와 동기를 명확하게 자각하고 설명할 수 있는 담론적 의식이 요구된다. 담론적 의식은 성찰의 과정을 거쳐야 가능해진다. 성찰은 퍼실리테이션을 학습하고 실행하는 모든 과정에 영향을 미친다(Brockbank & Mcgill, 2007; Brookfield, 1995).

Thomas(2004)는 퍼실리테이터 교육과 의식의 수준을 결정하는 핵심이 성찰이고 이 성찰을 개발하기 위한 퍼실리테이터의 교육 체계를 제시하였다. 그는 기존 학자들의 연구를 기반으로 퍼실리테이션의 차원을 기술적, 의도적, 인간 중심적, 비판적 차원으로 단계를 분류하였다. 그리고 퍼실리테이션의 네 가지 차원과 Giddens(1996)의 세 가지 의식의 수준을 연결하여 퍼실리테이터의 교육체계를 제시하였다.

기술적(technical) 퍼실리테이터 교육은 효과적인 퍼실리테이션이 가능하도록 역량기반의 교육을 실시하고 가치와 신념이나 태도에 대한 논의의 기회는 거의 없이 기술과 도구를 익히는데 목적이 있다. 이 단계는 행동에 대한 성찰과 자각이 없는 무의식수준에 해당한다(Giddens, 1996).

의도적(intentional) 퍼실리테이터 교육은 주제의 이론적 논의와 개념을 전달하고 퍼실리테이터를 실천적(practical) 의식수준(Giddens, 1996)으로 이끄는 단계이다. 이 단계는 무엇을 왜 해야 하는지를 자각함으로써 행위 중 성찰(Schön, 1983)이 일어난다(Thomas, 2004). 의도적 단계에서는 퍼실리테이터가 단순히 팀의 특성에 따라 기술을 사용하는 존재가 아니라 팀이 이론과 실제 상황에서 더 효과적으로 수행하기 위해 성찰 하도록 돕는 존재가 된다(Hunter et al., 1999; Weaver & Farrell, 1997).

인간중심적 퍼실리테이터 교육은 퍼실리테이터의 태도와 개인적 특성에 중심을 두는 것이다. 퍼실리테이터의 태도와 사람됨이 도구나 지식보다 더 참가자에게 영향을 준다고 강조한다(Jenkins & Jenkins, 2006; Ringer, 1999; Rogers, 1983, 1989). Rogers(1989)는 참가자를 진심으로 대하고 수용과 인정을 표현하며 공감적 이해를 하는 것을 퍼실리테이터의 가장 중요한 능력으로 보았다. 이와 같은 맥락에서 Ringer(1999)도 퍼실리테이터는 참가자가 그룹의 의견을 그대로 따르는 것이 아니라 자기 주관성을 가지고

퍼실리테이터의 비판적 성찰과 자기개발

자신의 의도를 충분히 자각하도록 돕는 역할을 강조하였다. 이러한 임무를 수행하기 위해서 퍼실리테이터는 자기 자신의 마스터가 되어 심리적으로 성숙하고 안정되어야 하며 불안과 모호함과 갈등을 수용할 수 있어야 한다(Jenkins & Jenkins, 2006).

비판적 퍼실리테이터 교육은 프랑크푸르트학파의 비판이론에 근거하여 발전해왔다(Brookfield, 1995, 2005; Cervero & Wilson, 2001, 2006; Kirk & Broussine, 2000; Rasmussen, 1996). 비판적 퍼실리테이터 교육을 주장하는 학자들은 퍼실리테이터가 가치중립적이고 객관적인 태도를 보이는 것에 대해 비판한다. 조직의 변화와 유지 사이의 긴장 관계에서 비판적 퍼실리테이터는 정치적 정서적 부담을 겪을 수밖에 없다. 따라서 퍼실리테이션의 대상자는 조직 내 권력관계에서 벗어날 수 없으며 정서적으로 영향을 받기 때문에 퍼실리테이션은 가치중립적일 수 없다고 주장한다(Brookfield, 1995; Cervero & Wilson, 2001, 2006).

비판적 퍼실리테이터 교육은 퍼실리테이터가 스스로 자신의 가정과 인식이 전체의 일부분이라는 것을 자각하고 한계가 있음을 인정하는 것을 중요하게 다룬다. 퍼실리테이터는 권력의 복잡성과 역할에 대해 더 개방적이고 적극적으로 성찰하여 비판적 퍼실리테이션을 발전시킬 것을 요구한다(Brookfield, 1995; Kirk & Broussine, 2000). Schön은 퍼실리테이터를 '가르치는 예술가'로 표현하면서 독특하고 예측할 수 없고 때로는 갈등 상황도 유발하는 역량을 가진 성찰적 실천가의 역할을 요구하였다(Schön, 1987:22). 가르치는 예술가는 지적인 성과나 인정, 판단에 얽매이지 않고 과정의 실제를 중시하고 실천하는 역량을 가진 퍼실리테이터를 의미한다.

비판적 퍼실리테이터 교육은 행동의 바탕이 되는 동기를 명확하게 자각하고 설명할 수 있는 담론적 의식 수준(Giddens, 1996)에 해당한다. 비판

적 퍼실리테이터 교육은 퍼실리테이션을 둘러싼 정치적 권력관계와 자
각을 포함하며 비판적 성찰 단계(Mezirow, 1991)와 이중고리학습(Argyris &
Schön, 1996)과도 연결된다. 변화의 정도는 기술적 퍼실리테이터 교육이 현
상을 유지하는 데 주력한다면, 의도적 퍼실리테이터 교육은 현상을 개선
하는 수준에 머물고, 비판적 퍼실리테이터 교육은 현상을 개혁하는 것을
목표로 한다고 볼 수 있다. 퍼실리테이터 교육 체계와 의식의 수준을 <표
I-2>로 정리하였다.

〈표 I-2〉 퍼실리테이터 교육 체계와 의식 수준의 관계

의식 수준	퍼실리테이터 교육 체계	성찰 수준	변화 정도
무의식 (행동과 동기에 대해서 명확하게 이유를 설명하지 못함)	기술적 퍼실리테이터 교육 (기술 중심의 해결적 접근)	무 성찰	현상 유지
실천적 의식 (행동의 바탕이 되는 동기와 이유에 대해 암묵적인 자각을 함)	의도적 퍼실리테이터 교육 (이론과 개념에 대해 목적을 가지고 의도적 접근)	성찰 one-loop theory	개선
담론적 의식 (행동의 바탕이 되는 동기를 명확하게 자각하고 설명할 수 있음)	인간중심 퍼실리테이터 교육 (퍼실리테이터의 존재와 품성, 태도를 강조)	비판적 성찰 double- loop theory	개혁
	비판적 퍼실리테이터 교육 (퍼실리테이션의 정치적 상황의 자각)		
Giddens (1996)	Thomas (2004)	Mezirow(1991) Argyris & Schön(1996)	

출처: Thomas(2004:126); 연구자가 성찰 수준과 변화의 정도 추가.

퍼실리테이터의 비판적 성찰과 자기개발

퍼실리테이터 교육은 결코 기술적 훈련의 형태로 완성될 수 없다. 퍼실리테이터는 기술적 준비를 넘어서 자아와 역사의 윤리적 형성에 근거해야 한다. 따라서 퍼실리테이터 교육프로그램은 필수적으로 비판적 실천과 이해와 해석에 대한 지식을 포함해야 한다(Freire, 2000). 퍼실리테이터의 비판적 성찰 능력은 퍼실리테이션의 전 과정과 학습자의 학습 결과에 영향을 미치기 때문에 역사와 윤리적 형성을 기반으로 한 비판적 자기성찰 능력까지를 포함한다.

2. 퍼실리테이터와 비판적 자기성찰

퍼실리테이터의 권력관계, 환경구성, 역할의 복잡성을 고려할 때 초보자에서 마스터까지 그 수행역할과 영향력은 다양하고 차이의 폭이 클 수밖에 없다(Thomas, 2004). 학자들은 퍼실리테이터의 성찰과 수준 향상을 위해서 스스로가 퍼실리테이션의 대상이 되어야 한다고 강조하였다(Brookfield, 1995; Hiller, 2004; Hogan, 2002; Hunter et al., 1999; Mezirow, 1991).

Mezirow(1991)는 개인이 스스로 자신의 경험을 제한하는 자신의 정신적 문화적 가정이나 전제들에 대해 비판적 성찰이 필요하다고 하였으며 이를 비판적 자기성찰이라고 하였다. 이러한 맥락에서 퍼실리테이터의 비판적 자기성찰이 퍼실리테이터가 자신을 스스로 성장시킬 방안으로 제시되었다.

Hunter 외(1999)는 퍼실리테이션의 개념을 삼각 모델로 제시하였다. 삼각 모델의 세 가지 축은 '자기 촉진, 타인 촉진, 그룹 촉진'이며, 그 기본 바탕이 퍼실리테이터의 역할이다(Hunter et al., 1999:18). 퍼실리테이터 자신이 퍼실리테이션의 핵심 대상임을 밝히면서 자기성찰을 강조하였다. 비슷한 개념으로써 Hogan(2002)은 '생활 속의 퍼실리테이션'으로 표현하였다(Hogan, 2002:78). 퍼실리테이터는 교육뿐만 아니라 자기 삶 전체를 스스로 성장시키는 원동력으로 삼아야 한다는 의미에서 이다. 퍼실리테이터는 스스로 삶에 대한 사고체계를 개방적으로 유지하고 성찰을 생활화하여야 한다고 강조하였다. Brookfield(1995) 역시 비판적 성찰 퍼실리테이터로서 항상 깨어있고 학습자와 동료에게 피드백을 구하며, 자신의 지위와 역할이 학습자에게 권력이 되어 영향을 미칠 수 있음을 경계하라고 주의를 환기시켰다.

퍼실리테이터는 조직학습을 이끄는 동시에 자신의 삶을 스스로 퍼실리테이션하는 개인학습자이기도 하다. 그동안 퍼실리테이터의 교육과 전문성을 다룬 연구는 퍼실리테이션 연구에서 소수를 차지하였지만 퍼실리테이터가 생산적인 대화와 성찰을 통해서 사고체계를 발전시키고 실천적 성찰을 통해 전문성을 강화해 나가야 한다는 점을 그동안의 연구에서 공통으로 발견할 수 있다.

비판적 성찰은 성찰적 실천가의 핵심적인 특성이다. "교수자는 자기발전적이고 도전받지 않은 경우가 많다(Larrivee, 2000:293)." 비판적 성찰이 없다면 틀에 박힌 설명과 기대, 고착화된 가정과 판단에 머무르기 쉽다(Brookfield, 1995; Hiller, 2004; Larrivee, 2000). 가르치는 동시에 배우는 존재(Freire, 2000)인 퍼실리테이터의 성찰 수준에 관한 관심은 학습의 질을 좌우하고 학습자에게 직결되는 영향력이 있다는 점에서 중요역량으로 판단된다. 퍼실리테이터의 비판적 성찰은 아직 많이 다뤄지지 않았고, 관심 또한 미약한 편이어서 퍼실리테이터의 성찰에 관한 연구의 필요성을 환기할 필요가 있다.

퍼실리테이터의 비판적 성찰과 자기개발

3. 성찰학습

1. 성찰의 개념

웹스터 대사전에서 성찰은 '어떤 주제, 아이디어, 의도를 이해하고 받아들이거나 관계를 파악하기 위한 정신적인 고려이다(Mezirow and associates, 1990:3)'이다. 단어의 표기로는 '성찰'과 함께 '반성'으로도 널리 사용되며 '비판적 사고'라고 표현되기도 한다. 영어 표기도 'reflection', 'reflexivity', 'critical thinking'으로 혼용되고 있다(Bickham, 1998; Brookfield, 1987; Cunliffe, 2004). 성찰의 다양한 표현은 서로 비교되고 상대적인 개념으로 이해되고 해석되면서 여러 가지 명칭과 개념으로 발전하였다.

Cotter와 Cullen(2012)은 'reflection', 'reflexivity' 두 단어를 메타 분석한 결과 두 단어가 광범위하게 혼용되고 있다는 것을 확인하였다. 그러면서도 두 단어의 쓰임을 구분하여 비판적 성찰을 강조하였다. 'reflection'은 벌어진 일 또는 행동이나 자기 개념을 객관적인 입장에서 되돌아보는 것이라면, 'reflexivity'는 여기에서 한 걸음 더 나아가 다양한 현실 상황과 사회적 구조까지 연결하여 변화를 일으키는 것을 목적으로 한다. 'reflection'은 '어떻게'에 대한 근접 원인을 밝히는 것이라면 'reflexivity'

는 '왜'에 대한 궁극 원인을 밝히는 단계로써 비판적 성찰과 같은 개념으로 간주할 수 있다. 이렇게 성찰에 대한 용어와 정의의 모호함은 성찰에 접근하기 어려운 과제로 만들기도 하지만, 결과적으로 성찰에 관한 논의를 풍부하게 만든 원인이기도 하다.

성찰에 대한 학자들의 정의는 다양하지만, 성찰의 개념은 Dewey (1952)로부터 출발한다는 데 재론이 없다(Peltier, Hay, & Drago, 2005). Dewey (1952:6)는 성찰적 사고(reflective thought)란 "어떤 신념이나 지식에 대해 그것이 기반하고 있는 근거와 예측되는 결과를 고려하여 적극적이고 지속적으로 신중하게 고려하는 것"이라고 정의하였다. 성찰은 혼란과 문제 상황을 다루는 데 목적이 있다(Dewey, 1952).

성찰은 배경지식의 맥락과 학자들의 관심에 따라 다양한 맥락에서 성찰을 상대적으로 비교하며 다양한 명칭과 관점으로 분류된다. 크게 문제해결을 위한 논리적 사고 영역과 가정과 구조를 재정의하는 비판적 사고 영역으로 구분된다(송해덕, 2009; Cotter & Cullen, 2012; Illeris, 2002; Korthagen, 1993; Raelin, 2001). 성찰을 문제해결 맥락에서 성찰적 사고와 비판적 사고로 분리한 송해덕(2009:217)에 따르면, 성찰적 사고는 실제 일어난 사태나 행동들에 대해 문제해결이라는 목표 달성에 적합한지를 사고하는 것이다. 이에 비해 비판적 사고는 성찰적 사고를 포함하며 바람직한 결과로 이끄는 광범위한 사고기능이다.

Korthagen(1993)은 교사교육맥락에서 합리적 사고와 비합리적 사고(우뇌적 사고, 통합적 사고)로 나누어 논의하기도 하였다. Illeris(2002)도 학습 맥락에서 'reflection'은 일상적으로 자기성찰, 거울에 비춤(mirroring)의 의미로 사용되고, 'reflexivity'는 개인의 범위를 넘어서 Giddens, Beck 등의 학자들이 사용한 예를 들면서 사회·문화·정치적 범위에 대한 성찰이라고

퍼실리테이터의 비판적 성찰과 자기개발

구분하였다.

<표 I-3> 맥락에 따른 다양한 성찰분류

배경맥락	학자	성찰의 상대적 분류	
문제해결	송해덕 (2009)	성찰적 사고	비판적 사고
교사교육	Korthagen (1993)	합리적 관점	비합리적 관점
학습맥락	Illeris (2002)	reflection self-mirroring	reflexivity 사회문화적 접근
경영관리	Raelin (2001)	서구적 사고 탐구, 탐색, 분석	동양적 사고 명상, 사색, 깨달음

Raelin(2001)은 경영관리맥락에서 성찰을 서양적 사고와 동양적 사고로 분류하였다. 서양적 사고는 전통적인 실증주의적 사고와 탐색과 분석의 사고방식이고, 동양적 사고는 이와 비교하여 사색 또는 명상과 깨달음 같은 영역이 더 강조된다고 하였다.

성찰에 대한 논의가 활발하게 영역을 넓혀가고 다양하지만, 그 이론적 토대는 성인 학습맥락에 뿌리를 두고 있다는 공감대가 형성되어 있다. 대표적인 학자로는 Dewey(1952), Schön(1983), Mezirow(1991)를 들 수 있다 (Tikkamäki & Hilden, 2014). 세 학자 모두 '성찰'을 사고의 핵심으로 보았지만, 성찰의 중심점은 각기 다르다. Dewey는 문제해결의 사고 과정을 강조하였고, Schön은 성찰의 시점을 중심에 두었다면, Mezirow는 성찰의 범위를 비판적 성찰 개념까지 확대 발전시켰다.

Dewey(1952:96)는 성찰을 '타당성을 검사하는 것'으로 보았다(Mezirow,

1991:101). 합리적인 문제해결 과정으로 가설 연역적 모델로서 기능적 학습을 포함한다(Mezirow, 1991). 문제를 정의하고, 증거로부터 가설을 수립하고 가설을 증명하고 조사과정에서 얻은 피드백을 기반으로 재정립하는 과정을 거친다. Dewey는 이 과정을 '비판적 탐구'과정이라고도 하였다(Mezirow, 1991:101). 성찰은 일어난 일과 시도한 일 사이에 대한 고려이다(Dewey, 1952). 성찰 없이는 경험한다는 것이 불가능하므로 교육은 사고하는 방법을 알려주는 것이다. 따라서 교육의 본질은 성찰이다(Dewey, 1944:163).

Schön(1983)은 성찰의 중요성을 실천 현장과 연결해 개념화하였다. 전문가는 성찰적 실천을 하면서 문제해결을 위해 필요한 무형의 지식과 기술을 획득한다. 실천 현장에서 일어나는 지식과 실천 간의 불일치를 전문직의 위기라고 정의하고 이를 해결하기 위한 성찰적 실천이 필요하다고 하면서 전문가의 교육 지향점으로 '성찰적 실천가'를 제시하였다(Schön, 1983:21). Schön이 사용한 '성찰적 실천가'라는 표현은 지난 이십여 년간 성인교육과 평생교육 분야의 핵심적인 용어로 인정받고 적용되었다(Cervero, 2001).

성찰적 실천가는 행동하는 가운데 자신을 되돌아보고 자신이 처한 실제와 '성찰적 대화'를 통해 배우고 성장한다. 성찰적 실천가는 자신이 행하고 이해한 것이 정당한지를 탐구하는 과정을 거치는데 이를 '성찰적 실천(reflective practice)'이라고 한다(Schön, 1983:59). 성찰적 실천은 첫째, 행위 중 성찰(reflection in action)로써 행위과정에 실천과 사고가 동시에 일어나는 가운데 활동을 전개하면서 사고하는 행위를 의미한다. 행위 중 성찰은 전문가의 실천에서 핵심적인 과정이다. 둘째, 행위 후 성찰(reflection on action)은 실천 결과에 대한 성찰로써 새로운 것을 받아들이기보다 결과에 대해

퍼실리테이터의 비판적 성찰과 자기개발

심사숙고하면서 실천 이전과 이후에 대해 성찰하는 것이다.

　많은 실천가들이 기술적 전문성에 매몰되어 실제 상황에서 성찰하지 못하는 경우가 다반사다. 전문가들은 불확실성을 인정하는 것이 나약함을 드러내는 것으로 생각하고 이를 위협으로 받아들이는 경향이 있다. 그래서 전문가는 자신이 이전부터 적용해오던 지식을 바탕으로 한정된 관심과 분야와 상황에만 집중하게 된다. 이와 같은 기술적 합리성은 실증주의 철학에서 유래한 인식론에 기반하여 특정한 목적에 가장 적합한 수단을 찾는데 부합한다. 결국 전문가가 기술적 측면에 매몰되게 하고 자신을 도구적 문제해결자로 전락시켜 전문가의 위기를 초래한다. 그 결과 전문가의 지식과 실천은 점점 실제 상황으로부터 멀어지게 되기 때문에 행위 중 성찰은 매우 중요하다(Schön, 1983, 1987). 복잡하고 불확실하고, 가치가 충돌하는 독특한 상황에서도 전문가는 행위 중 성찰을 통해 일상의 수행을 발전시킬 수 있기 때문이다(Pakman, 2000).

　Mezirow(1991)는 그동안 논리적 사고와 비판적 사고로 양분되었던 성찰의 개념에 Habermas(1971), Freire(1993)의 해방적 비판이론을 받아들여 성찰(reflection), 비판적 성찰(critical reflection), 비판적 자기성찰(critical self-reflection)로 성찰을 세분화하였다. 성찰은 문제를 해결하는 것을 목적으로 하며 이 과정에 필요한 논리적 추론과 분석과정이 중심이 된다. 비판적 사고와 논리적 사고는 혼용되기도 하나, 그 의미는 논리적 사고로써 Dewey의 문제해결적 관점을 배경으로 한다. 논리적인 방식으로 문제를 정의하고 해결하는 추론능력에 그 중심이 있고, 정치적으로 중립적이다(Kreber, 2012).

　Mezirow(1991)의 구분에 따르면 비판적 사고는 과정성찰과 내용성찰에 해당한다. 이와 비교하여 비판적 성찰은 문제가 발생하는 기본 가정과 전제에 대해 의문을 가지고 구조의 근본적인 변화를 추구한다. 비판적 성찰은 의미관점을 재구성한다는 점에서 객관적 재구성과 주관적 재구성으로 구분할 수 있다. 객관적 재구성은 행위자가 인식하는 외부세계의 가정에 대한 비판적 성찰을 의미하고, 주관적 재구성은 행위자 자신의 경험을 가로막는 정신적 문화적 가정 또는 전제들에 대한 비판적 성찰을 의미한다(Brookfield & Holst, 2011; Kreber, 2012; Mezirow, 1981, 1991, 1998; Mezirow and associates, 1990, 2000). 주관적 재구성은 성인 학습자가 자기 생각과 행동에 영향을 미치는 심리적·문화적 가정을 깨닫고 해방적 관점에서 자각하는 것으로 성인 학습의 궁극적인 목적이 된다(Freire, 1993; Mezirow, 1981, 1998; Mezirow & associates, 1990).

〈표 I-4〉 성찰관련 대표 이론 비교

학자	구분	목적	성찰 대상	성찰 영역
Dewey (1952)	성찰 (비판적 탐구과정)	타당성을 조사하는 것 문제를 정의하고, 증거로부터 가설을 수립하며, 가설을 증명하고 조사하는 과정에서 얻은 피드백을 기반으로 재정립하는 과정	과정	사고 과정
Schön (1983)	행위 중 성찰 (reflection in action)	행위와 연결되어 일어남 행위가 계획한 대로 일어나지 않고 예상치 못한 결과를 산출하는 상황에서 발생	과정	전문가의 행위
	행위 후 성찰 (reflection on action)	행위가 일어난 이후에 나타남 개인이 취한 행위와 관련된 언어적, 비언어적 사고를 통해 일어남	결과	

Mezirow (1991)	성찰	내용성찰	사실적 경험, 내용 파악	무엇	성찰의 범위
		과정성찰	문제해결전략, 인과관계 파악	어떻게	
	비판적 성찰 (critical reflection)	전제성찰	신념, 가정, 가치의 재확인	왜	
		비판적 성찰 (객관적 재구성)	성찰과정에 포함된 가정이나 전제, 세계관, 의미도식 성찰		
		비판적 자기 성찰 (주관적 재구성)	경험을 제한하는 자기 자신의 정신적 문화적 가정 또는 전제에 대한 자기성찰		

출처: Dewey(1952); Kreber(2012); Mezirow(1991); Schön(1983); 연구자가 성찰의 대상과 영역 추가 및 표로 정리.

Mezirow가 강조한 비판적 성찰을 학습과 연결 지어 보면, 성인들은 정보 그 자체를 획득하는 것보다 그들의 경험, 행동, 가정을 발견하는 패턴을 증명하고 해석하기 위해 학습한다. 아직 드러나지 않은 가정을 검토하고 자본주의적 처지가 아니라 사회학자의 관점에서 사고하고 실천하기 위해 학습하는 것을 비판적이라고 한다(Brookfield & Holst, 2011).

퍼실리테이터는 지속적인 학습활동을 통해서 학습자의 개념적 지식과 경험적 지식의 연결고리를 만들어 주는 역할을 한다. 퍼실리테이터의 비판적 성찰은 학습자 아이디어의 교환·관찰과 같은 이론과 실천의 통합과정에 영향을 주어 학습자의 연결고리를 성숙하게 만들어 준다. 또한 비판적 성찰은 단순한 문제해결을 위한 수단이 아니라 학습자의 존재 의미를 개인적 범위에서 공동체와 사회까지 연결할 수 있도록 돕는다. 비판적 성찰의 이러한 유용함은 비판이론의 전통에서 기인한다. 비판이론과 성찰이 만나 어떻게 프레임의 근본적 가정과 구조까지 검토하고 변화의 힘을 갖게 되었는지 더 알아볼 필요가 있다.

퍼실리테이터의 비판적 성찰과 자기개발

4. 비판이론과 비판적 성찰

1. 비판적 성찰의 이론적 배경

비판적 성찰은 성찰에 비판이론의 전통을 더해서 사회적이고 정치적인 목적들과 이데올로기 비판의 특징들과 강하게 연결되어 있다. Mezirow(1991)는 성찰의 개념에 Habermas(1971), Freire(1993)의 해방적 관점과 이데올로기 이론을 받아들여 성찰을 비판적 성찰로 확대 발전시켰다. 기존의 성찰을 인지적 사고 과정으로 인식하고, 행동과는 분리하였던 전통을 변화시켜 의식과 실천의 합일을 주장하고 사회적 실천과 연결했다(Kreber, 2012).

Habermas는 인간이 무엇을 알고자 하는 인식관심을 기술적(technical), 실천적(practical), 해방적(emancipatory) 관심으로 분류하였다. 인식관심이란 인간이 현실을 파악하고 인지하는 데 있어 인간의 인식활동을 특정한 형태로 구조 짓는 기본 경향(윤평중, 1990)이라고 할 수 있다. Habermas(1984)에 따르면, 인간은 다양한 관심사에 해당하는 각각의 다양한 형태의 지식이 필요하며 인간의 관심이 지식을 만들게 한다. 다양한 인간의 관심은 기술적 지식, 실천적 지식, 해방적 지식으로 연결되므로 자연과학적 실증주의가 각 개인의 지식과 경험에 유일한 기준으로 적용될 수 없다(Ewert, 1991). Habermas의 인식관심과 지식의 관계를 Mezirow의 학습영역과 연결하면 <표 I-5>와 같다.

<표 I-5> 인식관심과 지식, 학습영역

Habermas				Mezirow
인식적 관심 (interest)	지식 (knowledge)	매개물 (medium)	학문분야 (science)	학습영역
기술적 관심 (technical)	도구적 지식 (instrumental)	일 (work)	실증적 경험분석 과학 (empirical analytic)	도구적 학습영역 (관계와 과업지향)
실천적 관심 (practice)	실천적 지식 (understanding)	언어 (communi-cation)	해석적 과학 (interpretive science)	의사소통적 학습영역 (이성적 담론)
해방적 관심 (emancipatory)	해방적 지식 (reflectivity)	힘, 권력 (power)	비판적 과학 (critical science)	해방적 학습영역 (비판적 성찰)

출처: Ewert(1991); Cranton(1994:44); 연구자가 표로 정리.

Mezirow는 이 개념을 비판적 성찰과 연결시켜서 도구적 학습, 의사소통적 학습, 해방적 학습의 3가지 학습영역으로 분류하였다. 이 체계는 나중에 전환학습이론의 기반이 되었다. 기술적 관심은 환경을 조절하고, 물리적 사회적 사건을 관찰 및 예측하여, 사건의 인과관계를 알아내는 도구적 지식이 있어야 한다. 실천적 관심은 서로의 언어를 이해하고 개인을 넘어서 이성적 담론을 통해 사회를 형성하는 사회적 기준, 문화적 가치와 전

퍼실리테이터의 비판적 성찰과 자기개발

통을 이해할 수 있는 실천적(의사소통적) 지식이 필요하다. 해방적 관심은 도구적 지식과 의사소통적 지식에 의문을 제기하는 데서 비롯해 자기를 결정하고 자기를 성찰함으로써 우리 자신과 사회구조에 대한 비판적 성찰의 과정을 포함하는 해방적 지식을 필요로 한다(Cranton, 1994).

　개인의 철학은 행위로 나타나기 때문에 철학은 일반적으로 생각하는 것보다 훨씬 성찰적이고 체계적인 행동이다. "행동 없는 이론은 공허한 관념론을 낳고, 철학적 성찰 없는 행동은 무모함으로 이끈다(Elias & Merriam, 2005:4)." 비판적 성찰은 해방적 학습영역으로써 개인이 철학적 성찰을 하여 가정을 조사하는 역할뿐만 아니라 권력과 헤게모니를 들추어내는 특별한 목적을 가진다(Brookfield, 2009b:126). 비판적 성찰은 숨겨진 권력의 영향력을 밝히고, 권력의 의도대로 개인들이 무의식적으로 받아들이는 가정을 깨닫게 하는 것에 중점이 있다(Kreber, 2012:324). 비판적 성찰은 "개인이 일상생활을 조금 더 의식적으로 통제하기 위해 담론적 실천과 권력관계의 암묵적 가정으로부터 개인을 해방하는 능력이다(Kincheloe, 2000:24)."

2. 비판적 성찰에서 성찰과 실천의 관계

　비판적 성찰은 무언가를 변화시킬 수 있는 행동으로 연결된다는 점에서 폭발력을 지닌다. 비판적 성찰이 성찰과 구분되는 중요한 특징은 사회적 행동과 직접적으로 연결되어 있다는 것이다. 이것은 성찰과 비판적 성찰을 구분 짓는 특징으로도 볼 수 있다. 성찰과 행동의 합일을 주장한 Freire와 Schön(1987)과 다른 학자들의 주장(Boud et al., 1987; Jarvis,

2011)을 비교해보면 성찰과 행동의 간격에 차이가 나는 것을 알 수 있다. Newman(2011)은 성찰과 실천 관계에서 성찰과 실천의 거리가 가까울수록 비판적 성찰에 가깝고 정치적이며, 반대로 성찰과 실천의 거리가 멀수록 개인과 학습의 관점에 한정되고 성찰의 힘이 약화한다고 표현하였다.

Freire(1993)에게 성찰과 실천은 불가분의 관계이다. 비판적 성찰은 사회적 변화를 목적으로 한다. 비판적 성찰은 '프락시스(praxis)'로 표현된다 (Freire, 1993). 프락시스는 성찰과 실천의 결합을 의미한다. Freire(1993)는 개인이 비판적 성찰 과정을 통해 억압된 구조를 통찰하고, 당연한 가정에 문제를 제기하며 새로운 의미관점을 가지고 평등하고 행복하게 살며 일하는 것을 목표로 한다고 하였다(이희수, 정미영, 2010). 즉 개인이 사용하는 말은 어떤 일을 하느냐에 의해 영향받고 그 일은 개인의 세계를 구성한다. 개인이 사용하는 언어는 성찰과 행동의 두 가지 차원을 포함하기 때문에 말에서 행동을 배제하면 성찰 역시 자동으로 훼손되고 의미 없는 말장난으로 전락한다. Freire(1993:87)는 "행동 없는 성찰은 의미 없는 말 잔치일 뿐이고, 성찰 없는 행동은 세상을 변화시킬 수 없다"라고 하였다. 따라서 진정한 말은 세상을 변화시킨다. 세계와 행동은 밀접하게 상호의존적이다. 따라서 성찰은 행동의 본질이다(Freire, 1993).

Freire(1993)는 성찰을 새로운 사회질서가 만들어질 때 그것을 유지하기 위해 이론과 프락시스가 투쟁하는 과정에서 만들어진 역사적 산물로 보았다. 프락시스는 성찰과 실천의 결합된 상태를 의미한다는 점에서 인간이 동물과 구별되게 하는 특징으로 자리매김한다. 인간은 성찰과 실천의 프락시스를 통해 자신을 둘러싼 억압적 조건을 변화시켜 나가는 존재이자 변증법적 변화의 과정을 거친다. 이것이 곧 의식화이다(Freire, 1993; Mayo, 2004).

퍼실리테이터의 비판적 성찰과 자기개발

Schön(1987)의 성찰적 실천은 성찰과 실천을 강조한 면에서 프락시스와 비슷하지만, 변화의 대상과 목적이 프락시스와 차이가 있다. Schön(1987)의 성찰적 실천은 조직의 성과를 향상시키고 수행을 더욱 효과적으로 만드는 데 목적이 있지만, 정치적으로 연결하지 않았다. 반면에 프락시스는 세계를 바라보는 관점을 변화시켜서 억압된 개인을 해방하고 사회적 정치적 구조를 변화의 대상으로 한다는 점에서 구분된다.

Boud 외(1987)는 성찰과 행동을 분리하여 경험이 먼저 앞서고 성찰이 뒤따르고, 그 뒤에 행동이라는 결과가 있다고 하였다. Schön(1987)의 행위 중 성찰이 연속적인 과정이라면, Boud 외(1987)는 경험과 성찰과 행동은 서로 순환적이지만 각각 별개로 일어난다고 보았다는 점에서 차이가 있다. 경험 중에 일어나는 성찰은 사실상 경험을 중단하고 일어나는 것이며 이 과정이 학습상황이 된다. 성찰적 활동은 세 단위로 나눌 수 있는데 경험을 되살리고, 감정을 느껴보고, 경험을 평가하는 것이다. 경험을 평가한다는 것은 이미 알고 있었던 지식이나 이해에 새롭게 얻은 지식과 이해와 맥락이 어떤 관계가 있는지를 검토하는 것을 의미한다. 성찰적 활동은 구체적 경험을 추상적 개념화로 연결하는 역할을 하고 새로운 상황에 실험적인 적용으로 이어지는 학습의 순환적 고리의 한 축이 된다(Boud et al, 1987; MacKeracher, 2004).

Jarvis(2011:112)는 성찰이 지나치게 사회적으로 확장되도록 강요받고 있다고 주장하였다. 성찰은 학습의 과정으로 일어난 상황에 대해 깊게 사고하고 다시 돌아보고 회상과 의미부여 통해 미래를 예견하는 과정이라고 하였다. 성찰에 대한 Jarvis의 관점은 이후 다른 학자들에 의해 비판적 사고의 한 부분으로 받아들여졌고 성찰이 해방적 활동으로써 잠재력을 갖는다는 논의들은 몽상이나 환상이라고 치부되면서 점차 성찰은 도구적

인 수단으로 축소되었다(Newman, 2011). 학자들이 성찰과 행동이 일어나는
시점을 기준으로 구분한 내용을 정리하면 <표 I-6>와 같다.

<표 I-6> 학자별 성찰과 행동의 간격

학자	주요 내용	성찰과 행동의 간격	변화 대상	변화 목적	성찰 주체
Freire (1993)	프락시스는 성찰과 실천이 결합된 상태로서 성찰은 행동과 분리될 수 없다.	동일함	사회, 정치적 구조	억압된 개인의 해방	성인 교육자
Mezirow (1991)	의식과 행동을 분리하던 전통을 변화시켜 의식과 실천의 합일을 주장하였다.	합일 시켜야 함	해방적 지식	사회적 실천	성인 학습자
Schön (1987)	성찰과 행동은 동시에 일어나지만, 엄밀하게는 행동을 성찰과 분리하여 되돌아보고 다음 행동을 발전시킨다.	되돌아 봄	일의 수행	성과의 향상	전문가
Boud et al., (1987)	경험 뒤에 성찰의 과정이 뒤따르고 결과가 나온다. 경험과 성찰과 결과는 순환되지만 각각은 별개의 과정으로 진행된다.	순환됨	선험적 지식	새로운 학습	학습자
Jarvis (2011)	성찰은 깊은 사고를 의미하는 학습의 과정으로서 회상과 의미부여로 이루어진다.	회상	사고의 깊이	학습의 의미	학습자

출처: Newman(2011); Mezirow(1991); 연구자가 표로 정리.

성찰과 실천의 간격을 검토한 결과 성찰의 힘을 약화하는 것으로 두
가지를 꼽을 수 있다. 하나는 성찰과 행동을 분리하는 관점(Boud et al., 1987;

퍼실리테이터의 비판적 성찰과 자기개발

Jarvis, 2011)이며, 둘은 비판적 시각을 분리하여 비정치적이고 가치중립적인 도구로 만드는 것이다. 비판적 시각을 분리하여 학습상황이 권력과 이데올로기가 없는 순수한 영역이라고 간주하는 것은 순진한 생각이라고 비판을 받는 지점이기도 하다(Brookfield, 1987, 1995; Cervero & Wilson, 2001, 2006).

3. 비판적 성찰과 비판이론

Brookfield는 "비판이론은 비판적 성찰의 심장"이라고 하였다(2009b: 126). 그는 비판이론의 전통과 비판적 성찰을 학습맥락에 연결해 학습 현장에서 일어나는 정치 권력의 영향력을 드러내고자 노력하였다. Brookfield는 정치적 경제적 불평등을 정당화하는 신념체계와 가정, 이데올로기에 대해 자각하고 인식하는 것이 성인 학습의 중심과정이라고 보고 이를 위한 활동을 이데올로기 비판이라고 하였다(Brookfield, 2005, 2009b).

성찰을 사회적이고 정치적인 목적들과 연결 짓는 것이 비판이론의 전통이다. Brookfield(2005)는 비판이론의 전통을 이해하는 것이 비판적 성찰을 더 잘하는 데 도움을 줄 수 있다고 생각하고, 성인 학습자를 위한 비판이론의 네 가지 전통을 제시하였다. 첫 번째 전통은 헤게모니 개념으로써 주도적인 가치와 관습이 교육을 통해 체계화되는 현상이다. Mezirow(1991)는 이 과정을 사회문화적 왜곡을 조사하는 비판적 성찰로 개념화하였다. 두 번째와 세 번째 전통은 정신분석학과 심리요법으로써 억압과 금기가 어떻게 우리의 인식과 관계를 제한하는지를 비판적으로 인식할 수 있는 해방적 관점이다(Mezirow, 1981). 우리가 논리적 추론을 통해서 편견과 사실, 의견과 증거, 정보 없이 판단하는 것과 추론의 다양한 형태를 구별할 수 있을 때 비판적 행동이 가능하다고 보았다. 네 번째 전통은 실용주의적 구성주의다. 실용주의는 더 나은 사회제도를 만들기 위한 끊임없는 실험의 중요성을 강조한다. 구성주의는 우리의 경험을 일반적이고 보편적인 의미가 아닌 각자의 주관적 의미로 이해하고 해석하는 것에 초점을 맞춘다. 성인들은 자신의 경험에 대해 주관적인 의미를 만들어내고 비판적 성찰을 통해서 삶의 관점변화를 이뤄낸다(박경호, 2005; Mezirow, 1991).

비판이론이 성인교육에서 중요하게 언급되는 이유는 비판이론이 인간의 삶에 주는 이익 때문이다. 비판이론은 사회 문화와 생활 속에 교묘히 숨어있는 권력의 영향력을 드러내어 개인이 자기 삶의 본질에 대해 깨닫도록 도움을 준다. 또한 비판이론은 일터와 생활 속에 깊이 박혀있는 이데올로기적 영향력에 무의식적으로 조종당하고 통제되는 것에서 벗어나 해방적이고 자율적인 존재로 만들어 준다. 비판적 전통은 비판적 성찰에 반영되어 성인 학습을 더욱 심오하게 만들어 준다. 비판적 성찰이 없다면 학습과 직업적 실천뿐만 아니라 삶의 기회들이 제한되고 약해질 것이다 (Kreber, 2012).

Brookfield(2005)는 비판이론이 해방적인 개인이 될 수 있도록 도움을 주는 특징을 다섯 가지로 정리하였다. 첫 번째는 기존 질서를 비판하고 그에 대응하여 투쟁하는 것이므로 하나의 지배적인 이론에 기초하지 않는다는 것이다. 비판이론은 물물교환경제의 기존 질서에 대해 사회관계와 인간의 노동, 감정, 학습의 결과물까지도 물물교환의 대상으로 보는 것을 비판하였다. 두 번째 특징은 억압으로부터 해방해 줄 수 있는 지식과 이해를 제공하는 것이다. 비판이론은 단순히 세계를 해석하는 데 그치지 않고 사회적 개입과 정치적 행동을 통하여 변혁을 위한 지식을 만들어내는 것이다. 세 번째 특징은 전통적 이론들의 관점인 인간과 생산물의 관계와 같이 주체와 객체를 분리하는 것을 탈피하였다. 자본주의를 진정한 민주적 사회제도로 바꾸려는 분명한 의도와 행동을 끌어내는 데에 비판이론이 유용하다. 비판이론의 목적은 속박에서 인간을 해방시키는 것이다. 비판이론의 네 번째 특징은 미래세계의 구체적인 전망을 제시한다. 비판이론은 공정하고 자비로운 사회와 인간다움을 자각하려고 노력하는 성숙한 인간으로서 사는 세계가 어떠해야 하는지를 제시한다. 비판이론의 다섯 번째 특징은 이상이 실현될 때까지 그 가치를 알 수 없다는 것이다. 비판이론의 핵심은 변화 그 자체이고 변화가 실현될 때까지 계속되는 과정이기 때문이다.

비판적 성찰은 성찰이론과 비판이론의 결합으로 사회구조적인 사고와 행동으로 발전된 개념이다. 성찰과 행동을 동일시한 관점에서부터 별개의 과정으로 보는 관점까지 다양하지만, 성인 학습에서 사회적 실천을 내포하는 비판적 성찰의 영역과 필요성이 지속해서 확대되고 있다. 퍼실리테이터는 효과적인 학습활동을 통해 성찰과 행동의 연결고리를 성인 학습자에게 제공하는 역할을 한다. 퍼실리테이터의 비판적 성찰은 성인 학습자들이 경험과 학습 과정에 직접적인 영향을 주고 참여적 학습을 통해 학습자가 결정한 방향대로 자신의 삶을 변화시킬 수 있도록 영향을 미쳐서 결과적으로 학습자의 전환적 관점에 기여할 수 있다.

4. 비판적 성찰 퍼실리테이터

비판적 성찰에서 퍼실리테이터의 역할은 여러 학자가 강조한 성인교육의 핵심이다(Bickham, 1998; Boud & Walker, 1998; Brookfield, 1987, 1995, 2005, 2009a; Cervero & Wilson, 2001; Freire, 1993; Kirk & Broussine, 2000; Kreber, 2012; Mezirow and associates, 1990, 2000; Thomas, 2004). 비판적 성찰 퍼실리테이터는 비판적 성찰에 영향을 준 Freire(1993)의 해방적 인간관과 Brookfield(1987)의 비판이론에 근거하여 논의해볼 만하다.

Freire(1993)는 기존의 교육이 생각(thinker)과 행위(doer)를 분리하여, 교사는 생각하는 사람이고 학생은 생각이 없는 그저 행동하는 사람으로 간주하는 것을 비판하였다. 지배자와 피지배자, 우월함과 복종, 교사와 학습자와 같은 상반된 관계로 규정하는 것이 자본주의 사회가 인간성을 말살하는 전형적인 모습이라고 보았다. 교육에서 교사와 학습자를 이러한 상반된 관계로 규정하는 교육을 '은행 저축식 교육'에 비유하였다(Mayo, 2004). 전통적 교육을 수직적 교육 패러다임인 은행 저축식 교육에 비유하면서 수평적 교육 패러다임인 문제제기식 교육으로의 전환이 필요하다고 강조하였다. 문제제기식 교육은 해방적 교육으로써 교사와 학생을 수평적인 관계, 동반자로 설정한다. 문제제기식 교육에서 교사의 역할은 퍼실리테이터로서 자유를 실천하고 대화로써 의사소통을 촉진하여 학생을 주체적이고 비판적 사고를 하는 사람으로 본다. 인간은 완성된 존재가 아니며, 자신의 불완전성을 의식하고 좀 더 성숙하고 세계와 연결된 완전한 인간이 되기 위한 시도로써 교사와 학생은 공동의 탐구자 된다. 문제제기식 교육에서의 인간관은 세계와 연결된 존재로서 앞을 내다보고 나아가며 탐구 정신과 프락시스를 지닌 존재이다.

Freire(1993)는 바람직한 퍼실리테이터의 역할을 구체적으로 제시하는 대신 은행 저축식 퍼실리테이터의 행동을 보여주면서 상반된 방향에서 답을 찾도록 유도하였다. 은행 저축식 교육 패러다임에서 교사는 억압자로 존재하며 학생의 억압된 상태를 바꾸는 것이 아니라 더 억압할 수 있도록 억압하고 있지 않다는 허위의식을 심어주는 데 더 중심을 둔다. 성인교육에서도 은행 저축식 교육 패러다임을 가진 퍼실리테이터는 비판적으로 세상을 보도록 돕기보다는 오로지 성인들이 직업에서 충실한 로봇이되어 자신들의 일을 수행하는 데 집중하도록 노력을 기울인다. 반면에 문제제기식 교육 패러다임의 퍼실리테이터는 인본주의적이고 혁명적이다. 성인들이 스스로 힘을 가질 수 있도록 비판적으로 사고하고 성숙한 인간이 될 것을 요구한다. 이를 위해서 퍼실리테이터는 스스럼없이 학습자와 동반자가 된다.

Brookfield(1987, 1990, 1995, 2004, 2005, 2009a, 2009b, 2013)는 비판적 사고와 비판이론의 중요성을 퍼실리테이터와 성인 학습의 맥락과 연결하여 많은 제안을 하였다. "세상을 바꾸기 위해 가르친다"라는 Brookfield(1995:1)의 말처럼, 퍼실리테이터의 비판적 성찰 능력은 학습의 질과 민주시민으로서의 자질에 영향을 미치는 중요한 요소이다. 비판적 성찰은 퍼실리테이터의 성과를 향상하고 퍼실리테이션 대상자의 비판적 성찰 능력을 향상해서 결과적으로 해방적 인간으로 발전하는 데 도움을 주게 된다.

논의를 좁혀서, 소그룹은 사회심리학적 관점에서 보았을 때 개인과 사회의 '중간지대'이다(Tennant, 2006). 퍼실리테이터는 중간지대인 소그룹에서의 활동을 통해 학습자의 비판적 성찰을 가장 효과적으로 촉진할 수 있다(Hess & Brookfield, 2008). 소그룹 활동에서 퍼실리테이터는 두 가지를 경계해야 한다(Brookfield, 1995). 그 두 가지는 가정을 당연하게 받아들이는 것과 헤게모니에 매몰되어 가르치는 것이다(Brookfield, 1995, 2005; Hess & Brookfield, 2008).

첫 번째, 가정을 당연하게 받아들이는 것을 경계하기 위해 '가정을 찾아내는 것(hunting assumption)'이 성찰의 시작이다(1995:2). 가정(assumption) 이란 너무나 분명하므로 명확히 언급할 필요 없이 당연히 그렇다고 받아들여지는 것으로써 전형적인(paradigmatic) 가정, 처방적(prescriptive) 가정, 인과적(causal) 가정의 세 가지로 구분한다. 전형적인 가정은 개인들의 사고에서 가장 근본적인 구조를 이루는 기본적인 공리로써 밝혀내기 가장 어려운 가정에 해당한다. '직업에 귀천이 없다'라는 말이 예가 된다. 처방적 가정은 특별한 상황에서 반드시 일어나야 한다는 가정으로써 '교사의 역할은 무엇이다.'라고 규정짓는 것이 이 상황에 해당한다. 인과적 가정은 일반적으로 예견적 차원으로써 '학습계약은 학생의 자기 주도 학습 능력을 증가시킨다'와 같은 상황에 해당한다. Brookfield(1995)는 이런 세 가지 형태의 가정과 다른 사람에 의해 정의된 가정이 의심 없이 받아들여지고 있는 학습 현장을 억압적인 차원으로 규정하였다. 이처럼 억압적인 차원을 변화시키는 것이 퍼실리테이터의 비판적 성찰 능력에서 가능하다고 하였다.

두 번째, 헤게모니에 매몰되어 가르치는 것을 경계하기 위해서는 우리가 숨 쉬는 문화 곳곳에 스며들어 깊게 체화된 헤게모니의 교묘한 집요함을 알아채고 변화시키려 해야 한다(Brookfield, 1995). 헤게모니는 우리가 당연하다고 받아들이는 의견, 일반적인 지혜, 상식으로 보이는 모든 곳에 존재한다. Gramsci는 교육을 '헤게모니가 사회구성원이 합의를 통해 받아들이도록 하는 과정'으로 보고 퍼실리테이터가 헤게모니의 해악에 대해 크게 고민하지 않을 경우, 오히려 헤게모니에 몰두하여 헤게모니를 위해 부지런하고 열심히 봉사하게 될 것을 걱정하였다. 그리고 그 결과가 자신들에게도 이익이 될 거라고 착각하게 만든다(Brookfield, 1995). 퍼실리테이터는 헤게모니적 가정을 변화시키고 헤게모니의 해악에서 벗어나 해방적으로 사고하고 퍼실리테이션하기 위해서 비판적으로 성찰해야 한다.

비판적으로 성찰하는 퍼실리테이터는 학습자의 비판적 성찰을 촉진하기 위해서 학습자의 가정을 분해하고 숨겨진 헤게모니를 파헤쳐서 차라리 학습자의 심리적·문화적 관념의 파괴전문가가 되어야 한다(Brookfield, 1990:178). 헤게모니를 자각하기 위해서 퍼실리테이터는 성인 학습자가 일상생활과 신봉하는 자신의 신념 안에 있는 논리적 오류를 검사하게 하는 것이 유용한 전략이 될 수 있다. 같은 맥락에서 Cervero와 Wilson은 성인교육자의 핵심 역할을 학습자에게 영향을 미치는 사회적·정치적 권력으로부터 학습자를 구해내는 '지식과 권력의 파괴자' 라고 표현하기도 하였다. 그들은 권력이 학습 현장과 밀접하게 연결되어 있으므로 성인 학습은 정치적이고 개인적이며 구조적이고 실천적이어야 한다고 언급하였다. 따라서 성인교육자는 실천 현장에서 사회적 행동가가 되어야 한다(Cervero & Wilson, 2001, 2006). 퍼실리테이터의 비판적 접근 전략은 학습자가 모순과 모호함과 고통스러운 현실에 대해 재해석할 수 있도록 도움을 준다(Brookfield, 1990). 퍼실리테이터의 역할은 학습자를 근본적인 가정을 꿰뚫고 새로운 관점으로 이끌 수 있다.

이처럼 비판적 성찰의 중요성이 여러 학자에 의해 언급됐으나 성인교육과 인적자원개발 분야조차 행동 없는 성찰로 한쪽으로 치우친 교육이 지속되어 왔다. 그동안 평생교육과 인적자원개발 분야에서는 개인의 역량향상에 중점을 두면서도 조직의 정치적인 측면을 무시해왔고, 결국 개인을 조직의 이익을 위한 수단으로 전락시키고 경제적 성과물에 의해 인적자원개발의 성공을 판단해왔다(박경호, 2005). 앞으로의 인적자원개발은 전형적인 교육형식인 학습자와 퍼실리테이터의 수평적 교류에서 그칠 것이 아니라 사회적 체제와 정치 권력의 영향력까지 고려하는 역동적인 비판적 성찰의 장을 제공할 수 있어야 한다(Trehan, 2004).

5. 성인교육과 프락시스

현대 사회는 전환의 시대이다. 학문 편에서는 변화가 '패러다임 변환'이라면 개인 편에서의 변화는 '관점 전환'이다(Candy, 1990; Mezirow, 1990). 전환학습은 성인 교육학의 패러다임 변환인 동시에 개인 편에서는 생애사적 전환이다. 전환은 성찰과 행위의 결합을 전제로 한다. 성찰과 행위는 불가분의 관계다(Freire, 1993). 성인교육 철학에서 '철학이 없는 교육은 무모한 행동주의를 낳고, 행동이 없는 철학은 공허한 말 잔치를 낳는다(Elias & Merriam, 2005:4)'는 말이 강조된다. 이를 Freire는 '행위(action)와 성찰(reflection)은 말(word)이며 일(work)이고, 행위와 성찰의 결합인 일이 곧 프락시스(praxis)'라고 하였다. Freire는 이를 다음과 같은 산식으로 표현하였다.

> 행위(action)+성찰(reflection)=말(word)=일(work)=프락시스(praxis)
> 행위의 희생(sacrifice of action)=말잔치(verbalism)
> 성찰의 희생(sacrifice of reflection)=행동주의(activism)
>
> (Freire, 1993:87)

이를 표현하는 것이 프락시스다. 부연하면 행위의 희생은 말 잔치와 같으며, 성찰의 희생은 행동주의(activism)와 같다는 것이 Freire의 프락시스 공식이다. Brookfield(2009b)에 따르면, 자본주의의 정점인 미국 기업의 구성원들은 지속적으로 기업의 이익에 헌신하고 있지만, 일터에서 소외를 겪고 있고, 정신적 창조적 에너지의 소멸을 겪는다. Brookfield는 그 원인이 그들이 노동자이면서도 그들의 언어로 이야기하지 않고 자본의 언어로 이야기하여 성찰의 도구인 언어와 행위가 분리되기 때문이라고 하였다.

이러한 현상은 성인교육과 인적자원개발에도 적용된다. 성인교육자, 인적자원개발 담당자가 성찰과 행동 중 하나라도 결핍된 상태에서 성과를 추구하게 되면 정신적 창조적 에너지의 소멸을 겪게 된다. 성인교육자, 인적자원개발 담당자에게 더없이 필요한 것이 성찰과 행위의 결합인 프락시스다. 왜냐하면 퍼실리테이터는 성찰과 행동의 결합인 프락시스의 체현(embodied)이기 때문이다.

퍼실리테이터 연구에 Freire의 프락시스를 새롭게 조명해야 하는 이유는 성인교육에 있어서 차지하는 Freire의 학문적 위상과도 관련된다. 아르헨티나 학자인 Daniel Schugurensky는 "라틴 아메리카의 성인교육과 관련하여 Freire는 분수령을 이룬다. 성인교육은 Freire의 전과 후가 있을 뿐이다(Mayo, 2004:1)"라고 하였다. 이와 비슷하게 아르헨티나 학자인 Carlos Alberto Torres가 말하길, "우리는 Freire와 뜻을 같이할 수도 있고 그에게 반대할 수도 있다. 그러나 Freire 없이는 모든 게 불가능하다(Mayo, 2004:34)"라는 말은 성찰과 전환학습에도 적용할 수 있다. 전환학습을 Freire식으로 표현하면 의식화이고 프락시스다. 프락시스는 의식과 세계 간의 변증법적 관계이다. 이것이 교육학적 맥락에서는 프락시스다. 프락시스는 행동(action)-성찰(reflection)-전환적 행동(transformative action)을 수반하는 변증법적 과정으로 개념화된다(Mayo, 2004:48). "인간의 행동은 행동과 성찰로 구성된다. 그것이 프락시스다. 그것이 세계의 전환이다. 개인의 전환으로 그치지 않고 세계의 전환을 의미한다(Freire, 1993:125)."

평생교육 분야에서도 프락시스는 더욱 강조될 것이다. "평생교육은 혁명이다. 말만으로 또는 행동만으로는 이루어 낼 수 없다. 평생교육의 혁명을 가능하게 하는 것은 성찰과 실천의 결합인 프락시스이다. 평생교육사는 성찰가이자 실천가가 되어야 한다(이희수, 2013:9)." 행동 없는 성찰은 화려한 말 잔치에 불과하며 성찰 없는 행동은 세상을 변화시키지 못한다는 Freire(1993)의 말처럼 도구적 문제해결을 넘어선 성찰과 행동의 프락시스가 인적자원개발과 성인교육의 핵심역할을 수행하는 퍼실리테이터에게도 요구된다.

퍼실리테이터의 비판적 성찰과 자기개발

5. 성찰학습의 수준

성찰은 학습맥락에 적용되어 성찰학습에 대한 논의로 진화하였다. 성찰학습이 진행됨에 따라 상위단계로 갈수록 더 깊이 있는 성찰로 발달하는 것으로 본다. Dewey(1944)는 성찰을 경험 간의 관계를 파악하고 연결하는 과정으로 생각하고 성찰의 내용은 불확실한 내용을 의도적 노력을 사용하여 경험의 특별한 관계를 찾아내어 확실하게 증명하는 것이라고 생각했다(Boud et al., 1987). 따라서 Dewey(1944, 1952)는 성찰 수준을 문제를 정의하고 타당성을 검사하는 과정으로 정의했다. 첫 번째 단계는 문제를 정의하고, 두 번째 단계는 증거를 수집하고, 세 번째 단계는 수집된 증거를 기반으로 가설을 형성한다. 네 번째 단계는 가설을 검증하고, 마지막 단계는 피드백을 통해서 가설을 재확인하는 과정으로 설명하였다(Mezirow, 1991:101). 가설 설정과 연역적 문제해결 모델은 조직개발 분야의 액션리서치와 같은 과학적 문제해결 과정에 많은 영향을 끼쳤다(French & Bell, 1999:133).

성찰을 전환적 관점으로 설명한 Mezirow는 성찰적 행위를 무 성찰적 행위와 구분하였다(Kember et al., 1999). 무 성찰적 행위는 습관적 행동(habitual action)과 사고적 행동(thoughtful action), 자기 내성(introspection)으로 구분한다. 습관적 행동은 자전거를 타거나 키보드 자판을 치는 것과 같이 거의 자동으로 이루어지는 행동이다. 사고적 행동은 전문가가 숙련된 기술을 사용할 때처럼 익숙한 인지적 과정을 거치는 행동을 말한다. 자기 내성은 정서적인 영역으로 행복하거나 화가 나거나 지루하다는 등 감정을 인지하는 것을 포함한다(Mezirow, 1991; Kember et al., 1999, 2000).

성찰 단계에서는 내용 성찰과 과정 성찰로 구분한다. 내용 성찰은 실제 경험한 일에 대한 성찰이며, 과정 성찰은 경험을 다루는 과정으로써 문제해결 전략 등을 포함한다. 그다음 단계로써 전제 성찰은 비판적 성찰과 같은 의미로써 경험에 대해 오랫동안 유지됐던 사회적 가정과 신념, 가치를 재검토하는 과정으로서 가장 높은 성찰 과정에 해당한다. 비판적 성찰에서 학습자가 가지고 있던 관념 속의 의문에 대해 새로운 세계관을 갖도록 의미를 재구조화함으로써 해방적 관점을 갖게 되는 것을 비판적 자기 성찰이라고 한다(Mezirow, 1991, 1998).

[그림 I-1] Mezirow의 성찰단계 구분

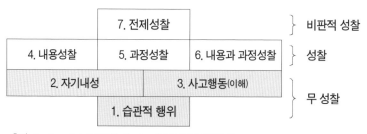

출처: Kember et al., (1999:25); Mezirow(1991); 연구자 재구성

Boud 외(1987)는 학습을 경험과 성찰의 관계로 정리하였다. 그는 성찰이 학습을 촉진하는 가장 중요한 요소라고 판단하고, 성찰과 경험의 관련

퍼실리테이터의 비판적 성찰과 자기개발

정도에 따라 성찰의 수준을 구분하였다. 가장 단순한 수준인 물리적 연합에서 가장 높은 수준인 자기화까지 연합(association), 통합(integration), 타당화(validation), 자기화(appropriation)의 네 가지 단계로 구분하여 제시하였다.

첫 번째 단계는 가장 단순한 수준인 연합(association)이다. 성찰한 순간과 경험이 연결된 형태로서 이 수준에서는 경험을 특정한 시간 순서대로 되새길 수 있고 사건과 반응을 순서대로 연결할 수 있다. 연합은 원래의 경험과 그 경험이 일어날 때 기존에 갖고 있었던 지식과 태도를 반영하여 일어나는 성찰의 한 부분으로서 생각과 감정이 연결된 것이다. 새로운 생각과 정보는 기존에 가지고 있던 정보와 연결되고 이 연결은 학습 과정의 중요한 형태 중 하나이다.

두 번째 단계는 통합(integration)이다. 연합에 의해 검토된 새로운 정보는 기존의 지식과 감정에 연결되어 지적이고 정서적인 도약을 이룬다. 새로운 정보는 연합단계를 거쳐서 통합단계에서 유용하고 의미 있는지를 조사하는 과정을 거친다. 연합이 무분별한 단계라면 통합은 분별하는 단계이다. 통합은 두 가지로 구분된다. 하나는 연결된 정보의 본질적 특성을 찾는 것, 다른 하나는 통찰을 통해서 결론을 끌어내는 것이다. 이 과정은 조사하고 문제를 해결하는 과정을 통해 새로운 합성(synthesis)이 가능해지고 은유와 시각적 연결을 사용할 수 있다. 이 과정에서 타인에게 설명할 수 있고 정의할 수 있도록 새롭게 구성된다.

세 번째는 타당화(validation) 단계이다. 이 단계는 통합한 정보에 대해 '현실성 검토'를 하여 타당화하는 단계이다. 타인들의 관점과 새로운 상황에서도 지속적인 일관성을 갖는지를 검토한다. 그러나 반드시 타인의 승인을 얻어야 하는 것은 아니다.

네 번째는 자기화(appropriation) 단계이다. 통합과 타당화 과정을 거친 새로운 생각은 그 개인에게 매우 사적인 의미가 있으며 내재화된다. 어떤 학습은 개인의 정체성과 삶에 귀속되어 큰 영향을 미치기도 한다. 이런 경우의 학습은 특별한 의미를 가진 정서와 결합하여 더 깊은 성찰을 일으킨다. 내재화된 지식은 가치체계 일부분이 되어 다른 지식에 비해 쉽게 바뀌지 않고 이 지식을 고수하려는 강한 의지를 보인다. 다른 지식은 자기화된 지식에 의해 조정되고 해석된다(Boud et al., 1987).

성찰을 단계로 구분하여 연구한 학자들의 이론을 성찰 수준과 측정 도구의 수준으로 정리하면 <표 I-7>와 같다.

〈표 I-7〉 성찰 수준과 측정도구

Dewey 5단계 (1952)	Mezirow 3단계 (1991)	Boud et al 4단계 (1987)	Kember et al 4단계 (1999)
문제 정의 및 형성단계	무 성찰단계 (습관적 행동, 사고적 행동, 자기내성)	연합 (성찰과 경험의 물리적 연결)	무 성찰단계 (1단계:습관적 행동) (2단계:사고적 행동)
증거수집단계	성찰단계 (내용성찰, 과정성찰)	통합 (의미 검토와 새로운 합성)	3단계:성찰단계 (내용성찰, 과정성찰)
가설수립단계	비판적 성찰단계 또는 전제성찰 (비판적 자기성찰)	타당화 (현실성 검토)	4단계:비판적 성찰단계 또는 전제성찰 (비판적 자기성찰)
가설검증단계		자기화 (상위 가치체계화)	
가설의 피드백과 재확인단계			

출처: Boud et al.,(1987); Dewey(1952); Kember et al.,(1999); Mezirow(1991); 연구자 정리.

퍼실리테이터의 비판적 성찰과 자기개발

성찰학습을 촉진하고 발전시키기 위해 Kember 외(1999)는 Mezirow (1991)의 성찰학습 3단계 중 무 성찰을 습관적 행동과 이해의 두 단계로 나누고 성찰과 비판적 성찰로 나누어 4단계의 측정 도구로 구성하였다 (Kember et al., 1999, 2000). 이후 Peltier와 동료들(2005)은 Kember 외(1999, 2000)가 개발한 성찰 학습 수준 도구를 발전시켜 학습자의 성찰이 무 성찰 수준에서 비판적 성찰 수준으로 깊어질수록 학습의 이해와 성찰 수준도 차이가 있다는 것을 입증하였다. 성찰 학습 수준을 습관적 행동, 이해, 성찰, 비판적 성찰로 나누어 표피적 학습에서 심화학습으로 수준을 구분하였다.

첫 단계인 습관적 행동에 머문 학습자는 최소의 사고와 몰입을 보였으며 기억에 의존하는 표피적 학습을 하였다. 두 번째 이해단계의 학습자는 자신의 경험과 학습상황의 연결이나 성찰 없이 책을 읽는 정도의 수준에 머물렀다. 성찰 없이 이전의 관점에 머무르는 무 성찰 학습의 결과를 보였다. 세 번째 단계인 성찰 학습 단계는 자신의 경험과 선험지식을 연결하여 학습하였다. 가정에 도전하고 대안을 탐색하고 개념을 정의하는 모습을 보였다. 네 번째 비판적 성찰 학습 단계에서는 학습자가 이전에 갖고 있던 신념과 관점에 의문을 품고 자각에 이르렀다. 학습자는 비판적 성찰 학습 단계에서 의미관점의 변화가 일어났다(Peltier et al., 2005).

<표 I-8> 무 성찰과 성찰의 연속체

무 성찰/표피적 학습			성찰/심화학습
습관적 행동	이해	성찰	비판적 성찰
• 최소의 사고와 몰입으로 표피적 학습. • 기억에 의존하고 과제와 상관없는 활동을 보임. • 무 성찰적 태도와 모습.	• 자신의 경험이나 학습상황과 상관없는 이해와 책 읽기 수준에 해당함. • 이전에 가지고 있던 관점에 머무름.	• 자신의 경험을 관련지식과 연결하여 학습함. • 가정에 도전하고 대안을 탐색함. • 개념을 정의하고 개선하려함. • 학습에 깊게 몰입된 행동과 의식상태를 보임.	• 성찰학습의 가장 상위수준으로서 학습자는 이전의 생각과 관점, 행동에 의문을 갖고 자각에 이름. • 생각하는 방식과 신념의 변화가 일어남.

출처:Peltier et al., (2005:253).

　　Peltier와 동료들(2005)의 결과는 학습자의 성찰 학습 수준이 학습결과에 미치는 영향을 실증적으로 보여주었다. 퍼실리테이터는 학습자의 학습에 가장 큰 영향을 미치는 존재이다(King, 2000, 2004). 성인 학습자는 퍼실리테이터와 교류하는 교육경험을 통해 학습의 강력한 힘을 깨닫고 자신을 대상으로 성찰하게 된다(김미자, 전주성, 2014). 퍼실리테이터의 성찰 학습 수준은 퍼실리테이터 본인의 역량향상과 개선에 기여함과 동시에 퍼실리테이션 과정 참여자들의 성찰 학습 수준에도 직접적으로 영향을 미친다. 따라서 퍼실리테이터에게 성찰은 필수적이고 퍼실리테이터의 교육과 자질향상에 성찰은 핵심적인 요소라는 것을 알 수 있다.

　　　　　퍼실리테이터의 비판적 성찰과 자기개발

6. 성찰학습의 적용사례

성찰 능력은 자신이 추구하는 이론적 지식과 구체적 실천 사이의 간극을 좁히고 실천 현장에서 전문성을 획득하는 데 긍정적인 영향을 미친다는 연구 결과들이 교사교육 분야, 사회복지와 의료분야에서 다양하게 제시되고 있다. 성찰 수준이 실행과 성과에 영향을 준 연구는 광범위하다. 교사 교육 분야는 특히 관련 연구가 많은 편이다. 미국교사협회에서는 25년 전부터 최근까지 성찰적 실천이 교사의 전문성 향상에 미치는 영향을 핵심 분야로 연구해 오고 있다(서경혜, 2005; 신옥순, 2000; 이진향, 2002; Fendler, 2003; Larrivee, 2000; Oakley, Pegrum, & Johnston, 2014; Pultorak & Barnes, 2009; Zeichner & Liston, 1987).

교사 교육에서 성찰은 교사의 수행에 중요한 변인으로 작용하고 그 결과는 학습자에게 직접적 영향을 주므로 교사의 성찰 능력은 교사 교육의 중심이 되어야 한다(Korthagen & Vasalos, 2005; Zeichner & Liston, 1987). 교사 교육의 이런 흐름은 교사의 성찰적 실천을 향상하기 위한 구체적 방안 연구로 이어지는 경향이다(김경희, 허영진, 2003; 김영순, 2010; 박미화, 이진석, 이경호, 송진웅, 2007; 한수란, 황해익, 2007; Ash & Clayton, 2004; Cox, 2005; Hatton & Smith, 1995; Hoban, 2000; Jay & Johnson, 2002; Korthagen & Vasalos, 2005; Nolan & Sim, 2011).

사회복지와 의료분야도 개별화된 클라이언트에게 일괄적으로 학습한 이론을 적용하기에는 실천 현장이 매우 다양하고 복잡하다. 이 분야에서도 성찰적 실천의 중요성에 관한 연구 관심이 새롭게 일고 있다(권인각, 박승미, 2007; 김희영, 장금성, 2013; 이주희, 김소선, 여기선, 조수진, 김현례, 2009; 유영준, 2009; Chan & Chan, 2004; Paget, 2001; Taylor, 2001).

인적자원개발 분야와 성인 학습 분야에서는 성찰적 실천과 비판적 성찰의 부족함을 지적하고 이를 적용하고자 하는 시도와 방안을 담은 연구들이 속도를 내는 상황이다(Boud, & Walker, 1998; Boud et al., 1987; Brockbank, & McGill, 2007; Brookfield, 1987, 2009a, 2013; Brookfield & Holst 2011; Fiddler & Marienau, 2008; Lewis & Williams, 1994; Rogers, 2001). 성찰의 효과에 대한 실증 연구도 활발한 편이다. 일반학습자를 대상으로 한 연구에서 성찰의 수준에 따라 학습 성취도, 학습몰입과 자기효능감, 학습 조직 수준 등이 달라진다는 연구 등이 있었다(김은영 외, 2011; 김희영, 장금성, 2013; 석은조, 정금자, 2006; 유병민 외, 2013; 장선영 외, 2010; 조성문, 2012; Dunlap, 2006; Hekimoglu & Kittrell, 2010; Nakamura & Yorks, 2011).

교사교육 분야, 사회복지와 의료분야, 인적자원개발과 성인 학습 분야 모두 혼돈과 딜레마가 연속적으로 일어나는 구조화가 어려운 영역(ill-structured domain)이다(Spiro, Vispoel, Schmitz, Samarapungavan, & Boerge, 1987). 퍼실리테이터가 일하는 환경 역시 본질적으로 구조화가 어려운 영역이기 때문에 예측불가능한 상황이 끊임없이 발생한다. 퍼실리테이터는 시간과 공간의 제약과 같은 물리적 어려움뿐만 아니라 대상자와의 긴밀한 상호작용에서 발생하는 심리적인 장애도 겪는다. 따라서 문제 상황을 해결하기 위해서는 무형의 표준화되기 힘든 역량들이 요구된다(유영준, 2009). 전문가는 성찰적 실천을 통해 문제해결을 위해 필요한 무형의 지식과 기술

퍼실리테이터의 비판적 성찰과 자기개발

을 획득할 수 있다(Schön, 1983). 퍼실리테이터 역시 전문가로서 자신이 적용하고자 하는 기술과 지식을 구체적인 실천 현장에서 구현하기 위한 성찰 과정이 필요하다. 이론과 실제의 간극을 좁히려는 퍼실리테이터의 노력이 성공적인 결과를 얻게 되면 이 과정에서 퍼실리테이터는 새로운 지식과 기술을 획득하면서 자신의 역량을 발전시켜 갈 수 있다.

성찰과 비판적 성찰은 개인의 수행 행동에 긍정적인 영향을 주고 해방적 관점을 가지고 진정한 자신의 삶과 인간관계, 일에 대한 관점을 갖도록 도움을 준다. 그동안 민주주의와 공동의 이익을 추구하는 비판이론의 전통이 조직에서는 비판이 갖는 부정적 측면이 두드러지어 외면을 받아 왔다(Brookfield, 1995).

이렇게 외면받아오고, 비판적 성찰이 일터에도 기여하는 측면이 간과되어 제대로 평가받지 못하고 있다. 그러므로 일터에서 비판적 성찰이 구체적으로 어떤 이익을 가져다주고 있는지 확인하는 것은 의미가 있다. 또한 일터에서 비판적 성찰을 하는 조직구성원은 어떻게 행동하고 이러한 비판적 성찰 행동이 동료와 그 조직에 어떻게 기여하며 최종적으로 그 결과가 어떻게 조직의 이익으로 순환되는지를 구체적으로 알아볼 필요가 있다.

이 연구에서 퍼실리테이터 역량 측정 도구는 백수정과 이희수 (2012)가 도출한 성인 학습자의 퍼실리테이터 역량을 기준으로 농업 교육 강사 퍼실리테이션 효과성 분석시 퍼실리테이터의 역량 측정을 위해 설문 형태로 개발된 도구(이연주, 이희수, 2014)를 사용하였다.

■ 퍼실리테이터 역량 측정 도구

역량	문항
조직화 역량	학습의 과정과 도출된 학습 결과에 대해 측정하고 평가하는가?
	참가자의 환경과 교육 요구 사항을 명확하게 파악하고 분석하는가?
	상황과 교육 필요 점에 맞는 절차를 적용하여 다양한 접근 방법으로 합의에 도달하도록 촉진하는가?
관계 및 분위기 조성 역량	참가자가 자발적으로 학습에 몰입할 수 있도록 지원하고 돕는가?
	새롭고 독창적인 아이디어를 도출할 수 있도록 사고를 촉진하는가?
	편안한 분위기 조성과 참가자의 흥미를 유발하고 유지하기 위하여 유머를 활용하는가?

	과정 목표를 위해 참가자의 감정이 상하지 않도록 사실과 의견을 구분하여 효과적인 피드백을 하는가?
과업 역량	효과를 증진 시키는데 도움이 되는 다양한 도구나 매체를 활용하는가?
	문제를 발견했을 때 상황과 원인을 파악하여 해결방안을 찾아내고 실행하는가?
커뮤니케이션 역량	표정, 제스처, 태도 등을 적절히 사용하여 전달하고자 하는 바를 효과적으로 전달하는가?
	참가자의 표정, 제스처 등을 심도 있게 관찰하고 의도를 파악하려 노력하는가?
	상황에 따라 개방형 질문과 폐쇄형 질문을 적절하게 사용하는가?
전문가 역량	참가자의 가능성에 대한 인정과 신뢰, 중립적 태도를 유지하는가?
	참가자의 특성을 이해하고 그들의 다양성을 통해 과정에 유용한 결과를 얻도록 노력하는가?
	참가자들이 다양한 관점과 아이디어를 통합하여 시너지를 낼 수 있도록 돕는가?

2부

일터에서의 비판적 성찰

1. HRD 분야의 비판적 성찰

오늘날 기업의 구성원들은 자본주의의 지배적 이데올로기인 자유와 해방, 개인주의적 가치의 정점을 누리고 있다. 자본주의의 심장에서 일하기 위해서는 자본주의를 지탱하고 있는 일터에 대한 비판과 상처와 위협에 귀를 기울이어야 한다(Brookfield, 2009b).

"일터에서의 성인 학습은 HRD 이론과 실천의 심장이다(Knapp, 2010: 207)." 그러나 성과와 생산성을 최우선 목적으로 하는 일터에서의 비판적 성찰은 쉽지 않다(Marsick, 1988). 일터는 비판이나 성찰과는 관련이 먼 것처럼 생각되어 왔다. 일터에서의 성찰은 학문적인 영역에서나 고려되고 실생활과는 관계없는 것처럼 어떤 유형의 성찰이든 '사치'로 간주되어 왔다(Marsick, 1991). 역설적이게도 오늘날의 급변하는 기업경영환경에서 성찰은 더욱 더 중시되어 가고 있다. 각급 근로자들은 획일적이기보다는 다르게 생각하는 방법을 필요로 한다. 근로자들은 자신과 자신의 일과 조직의 관계에 대해서 더욱 더 깊게 생각해야 한다. 그래서 "일터에서의 성찰은 사치품처럼 무관한 것이 아니라 생명의 피다(Marsick, 1991:23)."

비판적 성찰은 일터에서 리더의 역할을 훌륭히 수행하는 데 도움을 주는 생존 도구로 강조되기도 한다. 비판적 성찰은 팀원들이 왜 이 일을 해야 하는지를 물어 올 때 가정을 검토하여 답할 수 있는 정보를 제공하고, 습관적으로 행하는 일터 행동에 머무르지 않고 현실에 기반을 둔 깊이 있는 해석을 할 수 있도록 도움을 준다(Preskill & Brookfield, 2009). "비판적 성찰은 일터의 성과를 향상하는 데 유용하고 도덕과 윤리적 딜레마를 해소하며, 조직의 목표와 전략을 평가하는 역할을 한다(Brooks, 1999:69)."

일터에서의 비판적 성찰은 이중 고리 학습으로 연결되기도 한다(Argyris & Schön, 1996). 일단 관리자가 이중 고리 학습에 이르게 되면, 관리자는 그간의 문제에 대해 새로운 관점을 가지고 모순을 자각하게 된다. 관리자는 문제의 해결에만 집중하고 효율성을 높이는데 머물지 않고, 근본적이며 새로운 관점으로 일의 규칙을 정립하고 이를 통해 성과를 높이고 혁신을 이룬다.

일터에서 비판적 성찰을 하는 직원은 근본적인 가정을 조사하고 브랜드 이미지와 같은 허상에 휘둘려 팀을 실패로 이끌지 않는다. 비판적 성찰은 추론의 사다리를 사용하여 시장을 냉철하고 실질적으로 바라볼 수 있게 한다. 이러한 과정은 조직의 생산성과 이익을 증가시키고 파업이나 직원의 불만족을 줄이는 효과가 있다. 비판적 성찰은 고객과 직원과 주주에게 창조적 만족감을 주고 조직의 생산성을 높이는 것은 물론 인간적이고 민주적인 일터를 만드는데 이바지한다(Brookfield & Holst, 2011).

일터에서의 비판적 성찰은 관점에 따라서 일터의 성과향상에 더 중점을 두는 조화모델과 도덕 및 윤리적 딜레마 해소에 더 관심을 두는 갈등모델로 나눠 볼 수 있다. 조화모델은 문제해결과 관련된 성찰의 기능적 측면을 강조한 모델로써, HRD 맥락에서 지식생산(Nonaka & Takeuchi, 1996), 지속적 개선(Deming, 1986), 이중 고리 학습(Argyris & Schön, 1996) 등이 해당한다. 조화모델은 조직시스템과의 조화를 추구하는 관점에서의 성찰을

퍼실리테이터의 비판적 성찰과 자기개발

의미한다. 개인적인 선택의 해방을 강조한 갈등 모델에는 집단사고에 도전하기(Brookfield, 1987), 저항(Wenger, 1998), 권력관계의 분석(Reynold, 1998), 일터의 민주주의(Brookfield, 1987; Brookfield & Holst, 2011) 등이 해당한다(Van Woerkom, 2004). HRD 분야의 성찰을 조화모델과 갈등 모델로 나누어 <표 II-1>와 같이 정리하여 비교하였다.

<표 II-1> HRD 분야 성찰모델

조화모델		갈등모델	
문제해결 중심의 기능적 측면		개인적 선택과 비판적 해방 측면	
용어	학자	용어	학자
지식생산 (knowledge creation)	Nonaka & Takeuchi (1996)	집단사고에 도전하기 (challenging group-think)	Brookfield (1987)
지속적 개선 (continuos improvement)	Deming (1986)	저항 (resistance)	Wenger (1998)
이중고리학습 (double-loop theory)	Argyris & Schön (1996)	일터의 민주주의 (workplace democracy)	Brookfield (1987) Brookfield & Holst (2011)

출처: Brookfield & Holst(2011); Van Woerkom(2004); 연구자가 표로 정리.

이렇게 다양한 용어로 표현되지만, 일터에서의 성찰도 모두 Mezirow의 용어인 성찰, 비판적 성찰, 비판적 자기성찰 간의 차이로 구분될 수 있다(Van Woerkom, 2004). '일터에서의 성찰'은 일에서 발생한 문제를 해결하거나, 또는 암묵적 지식을 명확하게 만드는 것을 목적으로 한다. '일터에서의 비판적 성찰'은 조직의 가치를 변화시키거나 분석하는 것에 초점을 둔다. '일터에서 비판적 자기성찰'은 조직과 관련된 개인의 해방을 목적으로 한다. 이러한 구분은 명확하게 이분법적으로 생각하기 어렵고 서로 연관되고 연결되어 있다. 도구적 성찰(instrumental reflection)은 비판적 성찰을 이끌고, 조직적 가치에 대한 비판적 성찰 그 자체는 성찰로 연결된다(Van Woerkom, 2004). 따라서 하나의 차원이 다른 차원보다 더 중요하다고 말할 수 없다.

Marsick(1991)은 변화와 속도의 압력이 높은 일터에서 필요한 성찰의 세 가지 유형과 도움이 되는 방안을 함께 제시하였다. 첫째, 일터에서의 경험에 대한 성찰은 자신이 한 일과 경험을 돌아보는 도구적 학습이 있어야 한다. 최근의 관리자들은 경험을 통한 성찰의 중요성을 새롭게 인식하고 성찰에 관한 관심을 높여 가고 있다. 그러나 불행히도 경험에 의한 학습은 실수를 반복할 우려가 있다. 이런 단점을 줄이기 위해 그룹 성찰을 통해서 실수를 줄여갈 방안으로써 액션 러닝이 대안으로 제시되었다. 액션 러닝은 일터에서 자기 또는 동료들이 행한 일을 성찰적 관찰을 통해 추상적으로 개념화함으로써 이론과 통합하는 과정으로 학습이 일어난다. 일터에서 성인들은 이론과 경험을 통합하면서 적극적으로 실험적인 시도를 함으로써 자신의 수행을 발전시킨다(Lewis & Williams, 1994).

둘째, 의미연결에 대한 성찰은 의사소통적 학습과 연결된다. 개인적 의미관점은 조직문화에 영향을 줄 수 있는 집단적 의미관점에 영향을 줄 수 있다. 개인적 의미와 조직의 의미를 검사하는 전략으로서 역할극과 같은 방법이 유용하다.

셋째, 개인의 의미관점에 대한 성찰은 사용하는 언어와 강력하게 연결되어 있다. 의미관점의 성찰은 분리될 수 없는 두 가지 측면인 개인의 일

퍼실리테이터의 비판적 성찰과 자기개발

과 이 일과 관련된 지식과 기술을 함께 고려해야 해서 '전체적(holistic)'으로 고려해야 한다. 따라서 개인 의미관점의 전환은 일터 내부와 외부를 함께 고려해야 한다.

일터에서의 비판적 성찰과 자기성찰을 향상하기 위한 사례로는 스웨덴의 MiL(Management Institute, Lund) 같은 액션 러닝 프로그램이 대표적이다. 유럽과 미국 등의 기업들은 액션 러닝을 매우 일반적으로 사용하고 있다. 액션 러닝은 조직구성원들이 더욱더 성찰할 수 있도록 돕고, 모호한 일터의 경험에서 학습하고 실험적 시도행동을 하도록 돕는 과정이다. 액션 러닝은 개인 또는 집단이 함께 그들의 행동을 지배하는 사회적 규범과 신념을 터놓고 말하고 질문함으로써 참가자가 일터에서 더욱 비판적으로 성찰을 하도록 돕는다(Marsick, 1991). 특히 액션 러닝 대화에서 비판적 성찰은 핵심적인 맥락을 제공하게 된다. 비판적 성찰을 통해서 조직구성원들이 행동하고 사고하는 프레임을 변화시킬 수 있는 계기를 만들기 때문이다(Marsick & Maltbia, 2009).

퍼실리테이터는 학습자에게 학습활동을 통해서 학습자의 개념적 지식과 경험적 지식의 연결고리를 만들어 준다. 비판적 성찰은 아이디어의 교환·관찰과 같은 이론과 실천의 통합과정에 영향을 주어 학습자의 연결고리를 성숙하게 한다. 자기성찰훈련과 함께 동료관찰, 멘토링, 코칭과 같은 경험은 이론과 실천의 통합을 더욱 효과적으로 촉진한다(Caffarella & Barnett, 1994).

인적자원개발 분야의 비판적 성찰은 액션 러닝과 같은 프로그램으로 효과적으로 촉진될 수 있다. 퍼실리테이터는 액션 러닝의 핵심적인 역할을 차지한다. 퍼실리테이터는 세심하게 경청하고 참가자들이 편안한 분위기에서 다양한 관점의 의견과 행동, 시도, 관계에 관해서 이야기하고 검증할 수 있도록 환경을 조성함으로써 참가자의 성찰을 도울 수 있다(Marsick, 1991). 이는 퍼실리테이터가 주의 깊게 경청하고 폭넓은 관점을 형성할 수 있는 질문을 제시하고 판단방해 요소를 제거하는 역할을 함으로써 참가자의 비판적 성찰과 자기성찰을 촉진할 수 있다는 것을 시사한다.

퍼실리테이터의 비판적 성찰과 자기개발

2. 경영분야의 비판적 성찰

이익 창출이 가장 주요한 관심사인 기업경영 분야에서 성찰 논의가 활발하게 진행되는 현상은 신선하게 받아들여지고 있다(Cotter & Cullen, 2012; Høyrup, 2004; Knapp, 2010; Rigg & Trehan, 2008; Tikkamäki & Hilden, 2014; Van Seggelen-Damen & Romme, 2014). 기업경영 분야가 성찰에 관심을 두게 된 이유는 두 가지로 정리할 수 있다. 하나는 최근 글로벌 금융위기와 경영환경의 극심한 변화로 기업에서는 더욱 지속 가능한 형태의 경영을 위해 새로운 추진력이 필요하게 되었다. 다른 하나는 도덕적 해이와 지나치게 경제적 관점으로 치우친 경영자교육의 폐해가 촉발한 글로벌 금융위기의 여파는 기업경영자에게도 높은 수준의 성찰을 요구하는 흐름으로 나타났기 때문이다(Cotter & Cullen, 2012; Van Seggelen-Damen & Romme, 2014). 이에 따라 기업경영에서 성찰의 위치는 점차 경영교육과 연구의 핵심영역으로 자리 잡게 되었다(Høyrup, 2004; Rigg & Trehan, 2008; Tikkamäki & Hilden, 2014).

"성찰은 목적에 기여하고, 목적은 조직의 원리에 이바지한다. 조직의 원리는 활동에 일관성과 질서를 부여 한다(Mezirow, 1991:15)." 이처럼 기업조직과 경영교육에서 성찰에 대한 논의는 집단적 성찰의 형태로 공동의 이익에 부합하는 방향으로 제시되었다. 초기 학자들의 연구는 기업조직에서 성찰을 통해 기업조직의 경제적 이익보다는 공공의 이익을 확대하는 것을 중심에 두고 있으며, 조직 내부의 민주주의와 구성원의 해방적 관점에 이바지해야 한다는 선언적 주장에서 시작되었다(Cunliffe, 2004; Raelin, 2001; Vince, 2002). 이후 최근의 기업맥락에서 성찰 연구는 집단, 팀 학습과 연관되어 조직 내의 집단적 성찰 학습이 조직의 성과와 효율성을 높여서 전체 조직의 이익에 긍정적 영향을 준다는 결과들로 이어졌다(Cotter & Cullen, 2012; Cullen & Turnbull, 2005; Garavan & McCarthy, 2008; Knapp, 2010).

Raelin(2001)에 따르면, 집단적 성찰은 공동의 의문에 대해 집단이 함께 고민하고 아이디어를 창출함으로써 조직학습에 기여한다. 집단적 성찰은 학습의 근본이 되며, 집단적 성찰은 회사 내 동료들과의 진실한 대화를 통해서 이루어진다. 이는 공공의 이익과 경험, 시간과 집단적 성찰을 촉진하는 역량에도 기여한다. 경영자는 자신의 행동에 대해 자각할 필요가 있으며 성과에 대한 압박으로 사안에 대한 성찰 없이 행동하는 것이 습관화되어 있으므로 집단적 성찰은 이에 대한 균형추 구실을 한다(Raelin, 2001).

기업 조직맥락에서 조직학습과 변화를 위한 성찰적 실천을 강조하기도 한다(Vince, 2002). 기업조직에서의 성찰적 실천은 조직학습의 기회를 만들어내고 확산시키는 것이며, 이것이 조직적 성찰이라는 것이다. Vince는 조직적 성찰을 잘하기 위한 세 가지 조건을 제시하였다. 첫째는 조직에 내재한 권력이 가진 가정에 대해 집단적인 의문을 제기할 수 있어야 한다는 것이다. 둘째는 권력이 만들어내는 불안을 관리할 수 있어야 한다. 셋째는 성찰적 실천이 조직 내의 민주주의에 기여할 수 있어야 한다는 것이다(Vince, 2002). 동료 컨설팅 그룹, 역할분석과 역할분석 그룹, 실천공동체, 그룹컨퍼런스의 네 가지 방법을 통해서 조직적 성찰을 촉진할 수 있다는

퍼실리테이터의 비판적 성찰과 자기개발

것으로 요약된다.

Cunliffe(2004)는 경영교육에서 더 협력적이고 소통하는 조직을 만들기 위해서 성찰적 실천을 주장하였다. 경영교육에서 비판적으로 성찰을 실천하기 위해서는 학습자가 현실의 사회적 구조에 대해 생각하고, 성찰과 비판적 성찰을 할 수 있도록 가이드를 제공하며, 비판적 성찰일지를 사용하는 방안을 제시하였다.

기업경영 분야에서 최근의 연구들은 초기의 연구들보다 성찰이 좀 더 직접적으로 행동과 성과에 연결되어 있다는 증거를 제시하였다. 성찰이 팀의 결과 행동을 효과적으로 만들고, 경영자의 의사결정에 도움을 줌으로써 기업의 이익에 더 직접적인 영향을 준다고 보고하고 있다(Cotter & Cullen, 2012; Cullen & Turnbull, 2005; Garavan & McCarthy, 2008; Knapp, 2010). 팀은 조직의 학습과 일의 단위로써 과거에는 집단사고의 폐해(Janis, 1972), 강제적이고 독단적인 리더의 부당한 권력, 의사결정 책임소재의 불분명, 사회적 무임승차, 아무도 원치 않는 결정을 내리는 애블린 패러독스(Abilene Paradox)(Harvey, 1988)와 같은 이유 때문에 조직의 성과에 부정적인 영향을 준다는 것이 일반적인 시각이었다(Knapp, 2010:288).

그러나 최근의 연구들은 팀 학습의 활성화로 이러한 부정적인 영향을 극복하고, 팀 학습은 개인학습의 총합 이상이라는 결과를 제시하였다(Garavan & McCarthy, 2008). 팀 학습은 구성원들이 다양한 시각의 정보를 교환하고 피드백을 주고받으며 문제해결을 하면서 인지 수준을 향상하게 시켜 변화에 적응하고 발전하는 모습을 보였다. 팀 학습이 팀의 부정적 영향력을 극복하고 성과를 얻을 수 있는 핵심 열쇠는 성찰과정이 있기 때문이다(Kayes, Kayes & Kolb, 2005; Knapp, 2010).

Edmondson(1999, 2002)은 팀의 학습과 성찰 과정에서 심리적 안정감이 팀 학습행동(피드백 요청, 실수 관용, 실험적 시도)의 결과에 긍정적인 영향을 준다고 보고 하였다. 특히 팀 리더가 코치로서 실수에 대한 책임을 묻지 않고, 결과에 대한 성찰을 촉진하고, 실험적 행동을 지원하는 분위기를 조성할 때 더 긍정적이었다. 반면 팀 리더가 독단적이고 지시적일 때 반대의 결과를 보였다(Edmondson, 1999).

효과적인 팀 학습의 조건을 검토한 결과(Garavan & McCarthy, 2008), 집단학습을 하는 개인과 성찰을 포함한 인지적 과정이 강조되었을 경우, 효과적인 성과행동으로 연결되는 것으로 나타났다. 팀 학습은 구성원이 서로 의문점을 공유하고 토론하여, 다양한 관점에서 행위와 결과에 대해 비판적 성찰과정을 보이면서 높은 수준의 메타인지를 보일수록 효과적으로 일터의 행동, 규칙, 습관을 촉진하였다. 실행공동체는 집단의 메타인지 수준에 따라 실천 행동도 증가하였다(Berson, Nemanich, Waldman, Galvin, & Keller, 2006; Garavan & McCarthy, 2008; Knapp, 2010). 그러나 팀 학습을 하더라도 팀원이 위험부담을 안게 되거나 리더가 강제적이고 억압적인 권력을 사용한다면 심리적 안정감이 있다 하더라도 팀 성찰의 수준을 떨어뜨리고 자기방어적인 결과 행동으로 나타난다(Edmondson, 2002).

기업을 경영하는 경영자교육에서는 성찰이 경영환경을 바라보는 시야를 넓혀주고 경영자의 의사결정에 더 나은 판단을 내리는 데 도움이 되기 때문에 경영자가 조직 내부와 자신을 돌아보는 성찰을 강조하는 경향이 뚜렷이 나타나고 있다(Cullen & Turnbull, 2005). Cotter와 Cullen(2012)은 경영자교육에서 성찰의 개념을 포함하고 다양한 교육적 환경 속에서 정규적인 경영자 학습을 개발하는 것을 성찰적 경영학습이라는 개념으로 제시하였다. 이들은 경영 분야의 성찰 관련 용어를 메타분석하고, 위에 언급한 기업맥락에서 성찰을 연구한 초기의 학자들(Cunliffe, 2004; Raelin, 2001;

퍼실리테이터의 비판적 성찰과 자기개발

Vince, 2002)과 Dewey와 Schön, Freire와 같이 성찰을 연구한 대표학자들의 문헌연구를 통해 성찰적 경영학습(Reflexive Management Learning:RML)의 개념을 제시하였다.

RML(성찰적 경영학습)은 경영자가 경영하는데 조직 내부에 존재하는 근본적인 가정을 풀어낼 수 있도록 돕는 실제적인 접근법이다. RML은 경영자의 경험을 효율적인 패러다임으로 재개념화하여 미래의 행동에 긍정적인 영향을 주는 것을 목표로 한다. 경영자의 성찰을 지원할 수 있는 요소로써 공간과 시간, 소통, 자유, 자기 고백, 윤리의 다섯 가지 요소로 구분하고, 향후 RML(성찰적 경험학습)은 더욱 중요해질 것이다(Cotter & Cullen, 2012).

기업에서 중요한 지출 중의 하나인 교육 지출 비율과 경영성과를 조사한 연구에서 경영이 외부환경에 흔들리지 않고 일관된 교육을 한 회사는 경영성과와 조직구성원의 이익에도 정(+)의 효과를 보여주었다(백평구, 김창수, 이현주, 2013). 교육은 조직구성원에게 성찰의 기회를 제공하며 조직과 구성원의 성장에 이바지한다는 것을 시사한다.

이상의 선행연구를 토대로 정리해보면, 일터에서의 성찰은 문제해결의 조화모델과 구조적인 문제를 제기하고 일터 민주주의에 관심을 두는 갈등 모델 간의 논쟁이 활발하다. 조화모델과 갈등 모델은 성찰이 비판적 성찰로 발전하듯이 대립된 시각이 아니라 서로 연결된 개념으로 이해해야 한다. 이러한 논쟁은 왜 이익을 추구하는 경영 분야가 팀 학습과 경영자교육에 성찰을 적극적으로 도입하는 제가 그 해답이 될 것이다. 바로 성찰이 기업의 이익에 도움이 되기 때문이다. "좋은 직원은 비판적으로 성찰하는 직원이다(Van Woerkom et al., 2002:375)" 라는 말처럼 성찰과 비판적 성찰은 기업의 지속 가능한 경영을 위한 새로운 추진력으로 떠오르고 있다. 또한 팀 학습에서도 성찰은 팀의 메타인지 수준을 높여서 긍정적인 성과 행동에 영향을 준다는 것을 알 수 있었다. 따라서 일터에서 성찰이 학습행동과 유사한 비판적 성찰 업무 행동에 어떤 영향을 미치는지 구체적으로 연구하고 경험적으로 증명할 필요가 있다.

3. 비판적 성찰 업무 행동

비판적 성찰 능력이 개인과 조직 모두에게 긍정적인 영향을 주는 것과 달리 현실의 조직에서는 구체적으로 그 중요성이 평가받지 못하고 있다. 그 이유를 크게 두 가지로 요약할 수 있다. 하나는 비판적 성찰을 인지적 과정으로 보는 접근 방법이고 둘은 비판이론에 대한 오해를 들 수 있다. 먼저 비판적 성찰이 조사연구 보다 이론과 현상의 인지적인 과정으로 인식되어 발전해왔기 때문에 조작적으로 접근하지 않는 경향이 있다 (Brookfield, 1987; Brooks, 1999, 2004; Marsick, 1988; Schippers et al., 2003). 정의 또한 가식적인 행동보다는 과정에 대한 특성으로 이해되고, 조직 내에서의 활동 보다 학습이나 생각에 더 초점이 맞춰져 있다. 성찰은 맥락적 모델로 접근되는 경향이 있어서 현실과 비교할 때 너무 추상적이고 합리적이다. 많은 모델이 성찰의 중요한 자원인 사회적 상호작용보다는 개인적 성찰에 초점을 두고 있다(Brooks, 1999, 2004).

두 번째 어려움은 '비판이론(critical theory)'에 대한 반사적 마르크스 공포증(marxophobia)의 특성이다(Brookfield, 2005, 2009b). 마르크스의 관념이 개인 해방에 관심을 두고 있는 전환학습이론의 한 요소를 지탱하고 있지만 미국 성인교육에서 마르크스는 거의 언급되지 않고 있다(Brookfield,

2001). 이것은 마르크스라는 이름이 주는 왜곡된 이미지로써 파괴적이고 공산주의적이라는 오해와 공공연히 특정 계급의 정치적 이익에만 관심이 있다고 낙인찍히는 것을 두려워하는 데에서 기인할 것이다. 그럼에도 불구하고, "내가 비판적 성찰의 근본이 되는 비판이론을 가르칠 때 나는 Marx에서 출발하며 이것은 나의 학자적 양심에 기인한다(Brookfield, 2009b:128)"라는 Brookfield의 말은 경영자에게 적지 않은 도전을 던져준다. 특히 경영자의 관점에서 조직구성원의 비판적 성찰 능력이 개인과 업무개선에 그치지 않고 조직과 체제비판까지 연결될 것을 염려하기 때문에 성과와 생산성을 최우선 목적으로 하는 일터에서의 비판적 성찰은 쉽지 않다(Marsick, 1988).

위에서 언급한 인지적 관점의 문제와 비판이론의 두려움은 성찰과 실천을 분리하는 결과를 가져왔다. 성찰이 구체적 행동과 연결되지 않으면 그 성찰의 유익함은 사라진다. 행동은 성찰의 종착점이고 결과라고 할 수 있다(Boud et al., 1987). 이론적 배경에서 소개한 것처럼 학자들은 성찰과 실천이 함께 일어날 때 성과의 개선과 구조의 변화를 일으킬 수 있다고 주장하였다(Brookfield, 1987, 1990; Elias & Merriam, 2005; Freire, 1993; Heaney & Horton, 1990; Schön, 1983, 1987). 일상의 일터에서 일어나는 비판적 성찰의 결과 행동을 측정할 수 있다면 성과와 연결해 현장을 개선하고 조직을 변화시키는 것을 확인할 수 있을 것이다. 비판적 성찰을 측정하는 실제적인 가치는 일의 성과를 향상하는 것에 있고, 성찰과 비판적 성찰의 결과를 확인하는 것이 목적이기 때문이다(Van Woerkom et al., 2002).

Argyris와 Schön(1996)의 이중고리 학습은 비판적 성찰이 일터에서 구체적인 업무 행동으로 어떻게 나타나는지를 가장 잘 보여주는 이론이다. 이중고리 학습은 일터에 잠재된 가정과 상호작용의 패턴에 의심을 하고

퍼실리테이터의 비판적 성찰과 자기개발

변화시키도록 한다. Argyris와 Schön(1996)이 제시한 비판적 성찰과 관련된 행동의 예로는 비판적 질문하기, 자신의 의견 표명하기, 피드백 주고받기, 비전에 저항하기, 새로운 행동과 일의 방식을 시도하고 실험해보기, 방어적 행동 취하지 않기 등이 포함된다(Argyris & Schön, 1996). Argyris와 Schön(1996)이 제시한 업무행동들은 비판적 성찰이 일터에서 관찰 가능한 행동으로 나타난 결과인 비판적 성찰 업무 행동의 사례로서 부합된다(Van Woerkom et al., 2002).

Van Woerkom과 Croon(2008)은 기존의 성찰과 비판적 성찰에 관련된 일터 행동과 학습행동 등의 선행연구를 검토해서 비판적 성찰 업무 행동을 하나의 단일 개념으로 완성하였다. 비판적 성찰 업무 행동은 개인적 혹은 타인과의 상호작용을 통해 개인과 팀 또는 조직 차원의 수행을 분석하고 최적화하여 혁신시키는 일터 행동을 의미한다(Van Woerkom & Croon, 2008:318).

비판적 성찰 업무 행동은 개인학습과 조직학습의 연결고리가 된다. 업무에서 비판적 성찰 업무 행동은 조직 구성원의 개인적 학습의 시작이 되면서 조직의 업무수행을 분석하고 변화의 노력을 통해 조직 수준의 이중고리 학습으로 이끈다(Van Woerkom, 2004). 성찰을 측정하고자 하던 연구자들의 요구는 성찰이 가시화된 구체 행동 개념으로 정리되면서 조직의 비판적 성찰 업무 행동을 주제로 한 연구들이 증가하고 있다(김태길, 2014; 정미영, 2012; 최지원, 정진철, 2012; De Groot et al, 2011; De Groot et al., 2014). 따라서 비판적 성찰 업무 행동은 조직의 구성원이기도 하면서 조직의 학습을 이끌고 촉진하는 퍼실리테이터가 확보해야 할 업무성과라고 볼 수 있다. 퍼실리테이터의 성찰 학습 수준이 퍼실리테이터의 비판적 성찰 업무 행동에 어떤 영향을 미치는지 알아볼 필요가 있다.

4. 비판적 성찰 업무 행동의 요소

비판적 성찰은 조직 내에서 개인이 수행하는 업무성과를 최적화하고 개인의 무형식 학습에서 출발하여 조직학습을 촉발한다(Van Woerkom, 2004). 비판적 성찰이 업무에서 구체적이고 가시적으로 나타난 행동을 비판적 성찰 업무 행동으로 규정하고 구성요인 여섯 가지를 제시하였다(Van Woerkom & Croon, 2008). 비판적 성찰 업무 행동은 실수 관용 행동(openness about mistakes), 피드백 요청 행동(asking for feedback), 실험적 시도행동(experimentation), 비판적 의견공유(critical opinion-sharing), 집단 사고 도전(challenging groupthink), 경력 인식(career awareness)으로 구성된다.

첫째, "실수 관용 행동은 실수를 숨기거나 방어적으로 행동하지 않고 (Argyris & Schön, 1996), 다른 사람이 자신의 실수를 거울삼아 학습할 기회를 제한하지 않는 것을 의미한다(Van Woerkom & Croon, 2008:319)." 학교나 일터에서는 실수하는 행동이 부정적이고 심각한 결과를 초래할 수 있으므로 부정적으로 받아들여진다. 반면에 "심리학적인 관점에서는 실수를 통해 학습을 가능하게 한다고 본다(Fisher & Lipson, 1986; Keith & Frese, 2005:677, 재인용)." 이러한 점 때문에 실수는 행위에 대한 정보와 피드백을 제공해주고 실수 이전보다 구성원들을 더 낮은 성과로 이끈다(Keith & Frese, 2005).

퍼실리테이터의 비판적 성찰과 자기개발

"실수는 잘못된 가정을 바로 잡을 기회를 제공하고, 미성숙하거나 부적절한 '일상적 반복 행동'을 개선하고 새로운 탐색과 발견을 촉진한다 (Van Woerkom & Croon, 2008:319)." 팀이 실수에 대해 비난하는 대신 문제 해결적 대응을 보일 때 팀 학습은 행동과 실행으로 전환되었다(Argyris & Schön, 1996; Edmondson, 1999; Garavan & McCarthy, 2008). Brookfield(1986)는 지식은 결정된 것이 아니고 지속해서 경험이 축적되면서 이루어지는 것이기 때문에 시행착오를 겪는 것은 당연한 과정이라고 하였다. 이 과정에서 퍼실리테이터는 학습자가 실수를 실패로 생각하지 않도록 배려해야 한다. 배우면서 동시에 가르치는 존재(Friere, 2000)로서 퍼실리테이터는 학습자와 자신의 실수를 학습의 기회로 삼고 실수를 환영하는 환경을 제공할 수 있어야 한다. 따라서 실수 관용 행동은 퍼실리테이터에게 필수적인 업무 행동으로 볼 수 있다.

둘째, 피드백 요청은 일터에서 잠재된 가치나 준거에 대한 의견을 요청하는 행동이다(Van Woerkom & Croon, 2008). 성찰은 상호작용적이고 담론적 특성이 있으므로, 타인으로부터 피드백을 받는 것은 자신의 행위에 대한 통찰력과 자각을 얻을 수 있는 중요한 속성이다(Ashford, Blatt, & Walle, 2003). 학습자의 관점에서 자신의 행동이 어떻게 받아들여지는지 피드백을 구하는 것은 편견과 아집에 빠지지 않는 좋은 방법이기도 하다 (Brookfield, 1995). 팀의 성찰에 대한 연구(Swift & West, 1998)에서 팀의 피드백 요청 비율이 높은 팀이 유효한 성찰 지표를 보였다. 성찰을 잘하는 팀일수록 외부 피드백의 가치를 인정하고 세상을 이해하고 해석하는데 훨씬 개방적이기 때문이다(Van Woerkom & Croon, 2008). 잘 발달한 팀은 실행 과정에 대해 피드백을 할 수 있는 시스템을 가지고 있고, 피드백 요청 행동은 팀 성과에 긍정적으로 작용한다(Nembhard & Edmondson, 2006; Kayes et al., 2005). 또한 실제 사용되고 있는 이론에 대한 논의를 활발히 함으로써 이중 고리 학습을 촉진한다(Schön, 1983). 다문화적 환경과 조직 내 다양성이 증가함에 따라 피드백 요청 행동은 더욱 중요해졌다(Vince, 2002).

셋째, 실험적 시도행동에서 실험은 일에서 요구되는 방법 이상의 것을 적극적으로 탐색하고 스스로 시도해봄으로써 새로운 방법을 찾아내는 개인적 학습이다(Van Woerkom & Croon, 2008). 성찰은 일어난 일과 우리가 시도한 일의 관계에 대한 고려이기 때문에 계속 시행착오과정 속에서 성공적인 경험으로 연결된다(Dewey, 1944:169). 실험은 시도하기를 의미하며 이것은 경험의 적극적인 측면으로서 변화를 포함한다(Dewey, 1944:139). 일터에서 성인들은 이론과 경험을 통합하면서 적극적인 실험적 시도를 함으로써 자신의 수행을 발전시킨다(Lewis & Williams, 1994). 학습자의 실험적 지식은 아직 완성되지 않았고 조악하고 한계가 있지만 퍼실리테이터와의 비판적 성찰과정을 통해서 한계를 인식하고 보완할 수 있다. 이렇게 얻어진 실험적 지식은 현실을 생생하게 반영하고 문제에 효과적으로 대처할 수 있는 살아있는 지식이 된다(Hart, 1993).

Schön(1983)이 말한 행위 중 성찰 역시 실험적 시도행동으로 볼 수 있다. 실험적 시도행동은 팀의 학습행동에 긍정적으로 나타났다(Nembhard & Edmondson, 2006; Kayes et al., 2005). 비판이론의 실용주의적 전통에서도 더 나은 사회제도를 만들기 위해 끊임없는 실험의 중요성을 강조하였고, 실험적 시도가 가능하기 위해서는 개방성, 포용력이 필요하며 폐쇄적, 배타적 편협함보다 더 많은 성과를 낸다고 하였다(Brookfield, 2005).

넷째, 비판적 의견공유는 타인의 지원을 받아 타인의 관점을 수용하고 사회적 압력을 견디는 능력이다. 비판적 의견공유는 비판적인 생각, 정보, 의견을 표현하고 관리자와 동료에게 조직에 관한 비판적 질문까지를 포함한 변화행동이다(Van Woerkom & Croon, 2008). 성찰이 문제해결과 '어떻게'와 관련된 질문이라면, 비판적 성찰은 문제설정과 기존에 당연하게 받아들여지던 가정에 대한 '왜'에 관한 질문이다(Mezirow, 1990). 조직은 모든 사람이 동의하는 방법으로 업무를 수행하는 기준으로서 신봉이론(espoused theory)을 위한 공간이다. 그러나 더는 이러한 기준이 작동하지 않더라도 사람들은 무능력하게 보이거나 전문가 집단에서 배척당하고 비난받을 것이 두려워 비판하지 않게 된다(Schön, 1983). 비판적 의견공유는 성찰적 대화를 포함하고 이는 중요한 학습의 과정이기도 하다(Cunliffe, 2004). 비판적 질문과 대화는 당연하다고 생각하던 가정을 깨트릴 수 있는 유일한 방법이다(Brooks, 1999:67). 팀이 의문을 공유하고 함께 논쟁하는 과정을 통해 이루어진 인지적 성숙이 팀 학습행동에 긍정적인 영향을 주었다(Berson et al., 2006; Garavan & McCarthy, 2008; Knapp, 2010; Sadler-Smith, 2006).

다섯째, 집단사고도전은 모두가 동의할 때 동의하지 않음을 표현할 수 있는 역량으로 볼 수 있다. 집단사고는 비판적 성찰의 또 다른 중요한 측면이며 사회 환경이 언제나 조화롭지는 않다는 전제를 하고 있다. 집단사고현상을 처음 언급한 Janis(1972)는 응집력 있는 집단에서 생기는 사고방식 현상으로써 집단사고가 강한 조직은 집단 구성원의 완전한 동의를 추구하는 것처럼 보이기에 갈등이나 싸움이 잘 드러나지 않는다고 밝혔다. 집단의 압력 때문에 개인들이 의심이나 자기 의견을 말하지 않게 됨으로써 대안의 현실적인 평가를 하지 않게 된다. 이러한 현상이 누적되면 조직은 집단사고로 인해 능률성이 떨어지고, 현실검증의 기회를 상실하고, 도덕적 판단 등에 오류를 가져온다(Tetlock, 1979). "집단사고의 첫 번째 희생자는 비판적 사고이다(Goleman, 2005:183)." 일터는 성과를 목적으로 하므로 충성심이라는 말로 단일한 의견을 요구한다. 그러나 이는 조직의 구성원을 희망 없는 상태로 몰아가고 충성심이라는 안락한 환상에 도취시키는 것이다. 집단사고의 폐해를 없애기 위해서 일터에서는 다른 목소리를 내는 것을 더는 두려워하지 않고 다양한 의견을 낼 수 있는 장치를 마련해야 한다(Goleman, 2005).

여섯째, 경력인식은 경력개발과 자기 계발을 일치시켜서 필요하다면 현재의 직업과 조직의 범위를 넘어서 자기정체성을 실현할 기회를 얻는 것을 의미한다. 개인은 공동체에 참가함으로써 자신이 누구이고 무엇을 할 수 있는지를 알고 정체성을 경험하게 된다. 이 과정은 기술을 축적하는 것뿐만 아니라 어떤 사람이 되어가는 과정이다(Wenger, 1998). 경력인식행동은 개인에게 우호적이지 않은 일터에서 나는 누구이고 나는 어떤 사람이 되고자 하는지를 묻는 실존적인 비판적 성찰을 포함한다(Marsick, 1988). 그 결과로써 사람들은 그들의 동기와 직업에서 얼마나 만족하는지의 정도를 자각하게 된다(Cunliffe, 2004).

경력인식은 비판이론이 가지고 있는 해방적 정체성 형성과 관련된 경험으로써 공동체에서 자기의 정체성을 찾아가는 과정이자 일과 자신에게 근본적인 질문을 던지고 스스로 변화의 필요를 가지는 것을 의미한다(Marsick, 1988). 이와 같은 맥락에서 퍼실리테이터는 자기주관성을 갖고 자신의 의도를 충분히 자각할 필요가 있다(Ringer, 1999). 그러기 위해서 퍼실리테이터는 자기 자신의 마스터가 되어 심리적으로 성숙하고 안정되어야 하며 불안과 모호함과 갈등을 수용할 수 있어야 한다(Jenkins & Jenkins, 2006). 이런 이유로 경력인식은 퍼실리테이터에게 필수적인 업무행동이라고 볼 수 있다.

이상의 비판적 성찰 업무 행동은 개인과 조직의 학습 사이에서 다리역할을 한다. 조직수준의 업무영역에 영향을 미치는 행동은 비판적 의견

퍼실리테이터의 비판적 성찰과 자기개발

공유행동, 실수관용행동, 집단사고 도전행동이다. 이 행동들은 개인 수준의 의문과 시도의 결과 조직 또는 그룹에 비판적 의견을 제시하고 타인의 실수에서 학습의 가능성을 발견하여, 집단 사고에 대한 자기 목소리를 제시하여 조직의 학습을 일으킨다. 결과적으로 변화와 수행에 영향을 미칠수 있다(Van Woerkom & Croon, 2008).

행위 없는 성찰은 이상적이고 성찰 없는 행위는 무의미하다. 비전을 가진 행동은 개인의 관점과 일터의 수행을 변화시킨다(Freire, 1993; Heaney & Horton, 1990). 비판적 성찰은 조직 내에서 개인의 업무와 그 수행의 최적화를 이루는 데 도움을 줄 뿐만 아니라 조직 전체의 성과에도 긍정적인 영향을 준다. 비판적 성찰 능력을 가진 개인은 자신의 업무를 개선하고 조직의 성장에도 영향을 미친다. 즉 비판적 성찰은 일터에서 개인뿐만 아니라 무형식 학습의 형태로 조직구성원에게 전달될 수 있고, 이러한 역량을 가진 개인에게는 역량의 한 부분이 될 수 있다(Van Woerkom et al., 2002).

퍼실리테이터는 개인수준의 비판적 성찰을 통해 수행의 변화와 개선을 이룰 뿐만 아니라 그룹의 수행과 비판적 성찰 능력을 이끌어야 하는 이중의 책임을 지고 있다. 비판적 성찰 업무 행동은 성찰이 행동으로 옮겨졌을 때 어떻게 나타날지를 구체적으로 측정할 수 있도록 정의되어 있다. 또한 퍼실리테이터가 효과적으로 퍼실리테이션을 수행하였는지를 알아볼 수 있는 결과행동이기도 하다. 비판적 성찰 업무 행동은 퍼실리테이터의 성찰 학습 수준의 차이로 시작된 행동결과가 어떻게 다른지를 밝혀주는 증거가 될 것이다.

성찰학습 수준을 측정하기 위해 사용할 측정도구는 Peltier, Hay 와 Drago(2005)가 개발하고, 정미영(2012)이 국내 상황에 맞게 번안 수정한 것을 사용하였다. 측정도구의 신뢰도를 측정하기 위해 90명에게 예비조사를 실시하였다. 각 요인별 Cronbach's α값은 습관적 행위 .798, 성찰 .873, 비판적 성찰 .862로 나타났다. 이 값은 Peltier, Hay와 Drago(2005)의 신뢰도 계수 .75~.87에 근접하고, 정미영(2012)의 연구에서 확보된 신뢰도 계수 .71~.76을 상회한다.

■ 성찰학습 측정도구

구분	문 항
습관적 행위	업무 개선을 고민하기보다는 기존의 방식으로 업무를 처리하는 편이다.
	상사의 지시대로 업무를 처리하는 편이다.
	창의적 사고가 필요한 업무보다는 반복되는 업무가 잘 맞는다고 생각 한다.
성찰	예전의 경험들을 재평가해봄으로써 무엇인가를 배우게 된다.
	어떻게 하면 다음에 더 잘할 수 있을까 생각해보게 된다.
	예전 행동에서 개선할 점이 있는지 생각해보게 된다.

성찰	새로운 업무를 이해하기 위하여 과거의 경험들을 떠올려 보게 된다.
비판적 성찰	평소와 다른 새로운 시각에서 자신을 스스로 되돌아 보게 된다.
	예전에 당연하다고 믿었던 것이 꼭 그렇지만은 않다는 것을 알게 된다.
	일할 때 기존의 방식보다는 새로운 방식을 시도해보게 된다.
	내가 평소에 확고하게 고집하던 많은 생각을 버리고 바꾸게 된다.

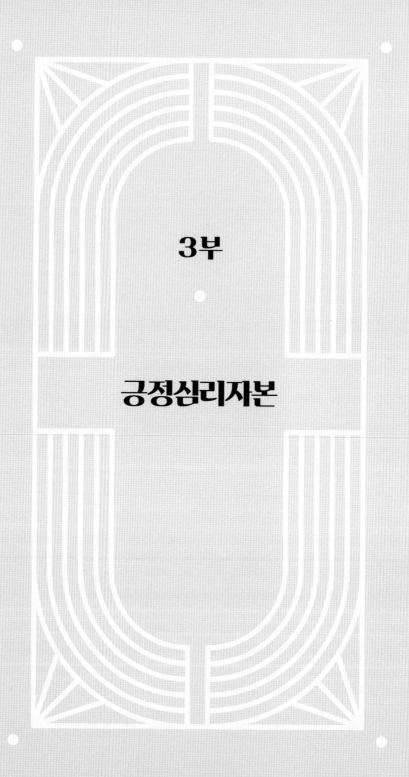

3부

긍정심리자본

1. 긍정심리자본의 개념

심리적 자본은 개인의 심리적 강점을 바탕으로 목표를 달성하고 성과를 향상할 수 있는 긍정적 심리상태를 의미한다(Luthans, 2002a, 2002b). 심리적 자본에서 '긍정적 심리'라는 개념은 긍정심리학에서 개인이 지닌 올바른 성향과 역기능적인 성향을 밝히기 위한 연구로부터 시작되었다(이병철, 이채익, 2009; Seligman, 1998).

긍정심리학은 인간의 결점만큼이나 강점에도 관심이 필요하고, 삶의 잘못된 부분을 교정하는 것만큼이나 삶을 최상의 상태로 만드는 것이 중요하며, 고통 받는 사람의 상처를 치유하는 것만큼이나 건강한 삶의 성취에도 노력해야 한다고 주장한다(Baumgardner & Crothers, 2009; Seligman & Csikzentmihalyi, 2000). 긍정심리학의 영향을 받아 조직 연구에서도 조직의 긍정적 측면을 발전시키려는 노력이 진행되고 있다(Cameron, Dutton, & Quinn, 2003; Pearson, Bergiel, & Barnett, 2014; Wang, Sui, Luthans, Wang, & Wu, 2014).

긍정심리자본에서 자본의 개념은 전통적으로 많은 관심을 받았던 경제적 자본에서 지식 정보화 사회의 도래와 발전에 따라 인적 자본, 지식자본 및 사회적 자본으로 자본의 개념이 확장되는 추세를 반영한다(김창수,

김지범, 1999; Noe, 2013). 개인들이 가지고 있는 심리적 특성에 그 유용함과 가치를 활용하기 위한 심리적 자본(psychological capital)의 개념을 접목하여 긍정심리자본의 연구가 주목을 받고 있다(김주섭, 박재춘, 2013; 이병철, 이채익, 2009; 정대홍, 박권홍, 서장덕, 2011; Avey, Luthans, & Jensen, 2009; Bergheim, Nielsen, Mearns, & Eid, 2015; Luthans, Youssef, & Avolio, 2007; Rego, Sousa, & Marques, 2012; Walumbwa, Luthans, Avey, & Oke, 2011).

인적자본은 지식, 진보된 기술, 체계에 대한 이해와 창의성, 고품질의 서비스와 제품을 제공하기 위한 동기부여를 의미한다. 인적자원은 경제적 자본(장비나 기술)이나 재무적 자본(자산)보다 회사에 기여하는 이익이 더 다양하고 모방하거나 구입할 수 없는 그 회사의 고유한 자산이다. 학습은 직원들의 이익뿐만 아니라 회사의 성과와 경쟁우위에도 기여해야 하므로 회사는 직원들의 인적자본과 같은 보이지 않는 자산의 발전에도 관심을 기울여야 한다(Gilley et al., 2002; Noe, 2013; Rees, Lorenzen, Vincent-Lancrin, & Edquist, 2001).

지식 정보화 사회의 발전으로 지식자본도 조직의 이익 창출에 이바지하는 중요한 자본이다. 지식자본은 학자마다 다양한 정의가 있지만, 기업이 고객 또는 조직구성원과 함께 연계하여 창출한 창의적·혁신적 활동의 결과로서 조직에 경제적 이익을 가져다주는 자본을 의미한다. 회사의 로고와 상표와 같은 마케팅 자산, 기술특허와 기술적 지식 등의 기술적 자산, 예술관련 작품, 저작권, 데이터베이스, 영업비밀, 고객정보와 관계 등의 무형자산이 지식자본에 해당한다(김창수, 김지범; 1999).

[그림 Ⅲ-1] 자본개념의 확장경로

전통적 경제적 자본		인적 자본		지적 자본		사회적 자본		긍정 심리자본
무엇을 가졌나?	→	무엇을 아는가?	→	무엇을 창출하였나?	→	누구를 아는가?	→	당신은 누구인가?
- 재정 - 유형자산 (공장, 장비, 특허, 데이터)		- 지식 - 경험 - 교육 - 기술 - 아이디어		- 고객관련 자산 - 기술력관련 자산 - 정보력관련 자산		- 관계 - 네트워크 - 친구		- 자기효능감 - 희망 - 긍정성 - 탄력성

출처: Luthans, Luthans & Luthans(2004:46); 김창수, 김지범(1999); 연구자 재구성.

　　자본의 개념이 확장되면서 개인이 문제를 해결하고 도움을 요청할 수 있는 인적 네트워크의 관계, 구성, 구조를 사회적 자본의 개념으로 파악하기 시작하였다. Adler와 Kwon(2002)은 개인의 인적네트워크와 교환능력이 인적자원과 경력개발에 영향을 미친다는 점에서 기존의 사회학과 정치학, 조직개발의 개념을 통합하여 사회적 자본으로 개념화하였다. 사회적 자본 역시 개인과 개인의 협력과 사회적 거래를 촉진하여 다른 자본들과 마찬가지로 개인과 조직에 이익을 가져다주고 가치를 더하기 때문에 자본으로써 개념화되었다(Adler & Kwon, 2002). 인적자본과 사회적 자본의 확충은 현대 국가 웰빙의 원천으로 인식되기에 이르렀다(Healy, & Côté, 2001).

　　인적 자본, 지적 자본, 사회적 자본처럼 개인이나 조직이 확보한 자원과 능력이 경쟁우위와 가치창출에 기여한다는 측면에서 이를 중요한 자원으로 인식하고 개발해야한다는 것이 최근에 등장한 자원이론이다(Hobfoll, 2002; Luthans et al., 2004). 자원이론은 기업이나 개인이 지속적인 경쟁우위를 갖기 위해서는 다른 개체들이 모방하기 어려운 독특한 자원과 능력을 확인하고 이를 효과적으로 관리하고 활용, 확장하는 기술을 요구한다(Hobfoll, 2002).

개인이 가지고 있는 심리적 특성에 자원이론을 적용하면, 심리적 자본은 측정가능하여 개발할 수 있고 성과향상과 이익창출에 효과적으로 기여한다는 측면에서 자본으로 간주된다. Luthans 외(2004)는 기존의 자원이론에 개인의 긍정적 심리 상태를 측정하고 개발 가능한 단일개념으로써 긍정심리자본을 추가하여 비교하였다. Noe(2013)의 자본모형과 비교하면 고객자본이 삭제되고 긍정심리자본을 추가하여 자원이론의 개념을 강조하였다. Luthans(2002b)는 개인의 긍정심리자본은 측정 및 개발을 할 수 있으므로 이러한 자원을 효율적으로 관리하고 응용하면 성과를 높이는 데 도움을 줄 수 있다고 하였다. 심리적 자본이 측정 및 개발될 수 있는 구성개념이 되기 위해서는 세 가지 조건이 갖춰지어야 한다. 심리적 변인이 긍정적 속성을 지니고 있어야 하며, 변화 가능한 상태적 속성을 가져야 한다. 또한 조직이나 개인의 성과와 관계가 있어야 한다.

상태적이라는 것은 심리적 변인이 개발 및 관리를 할 수 있다는 것을 의미한다. 즉 긍정적인 심리상태는 개인 수준에서 연구되고 측정하여, 계발하고 관리 될 수 있어야 한다(이동섭, 조봉순, 김기태, 김성국, 이인석, 최용득, 2009; Chen, Gully, Whiteman, & Kilcullen, 2000; Luthans, 2002a, 2002b).

심리적 자본의 상태적인 기준은 Big 5 성격요인(Barrick & Mount, 1991)과 긍정적 정서성, 자기존중감 등의 긍정적인 특성들에 근거한 개념들과 구분된다(Luthans & Youssef, 2007). 긍정심리자본의 포함기준인 상태적인 특징은 일시적인 감정(mood)보다 상대적으로 안정된 특징을 의미한다. 그러나 매우 고정적이고 변화가 어려운 기질보다는 상대적으로 덜 안정적

퍼실리테이터의 비판적 성찰과 자기개발

이기 때문에 개발과 변화의 가능성이 열려있는 것이다(Luthans & Youssef, 2007).

이러한 세 가지 기준을 충족시키는 대표적인 변수로는 자기효능감 (self- efficacy), 희망(hope), 긍정성(optimism), 탄력성(resilience) 등이 있다 (Luthans, 2002a, 2002b; Stajkovic, 2006). 상태(state)와 기질(trait)을 단일 연속체로 보고 측정과 개발, 변화의 상대적 정도에 따라 분류한 개념을 <표 Ⅲ-1>로 정리하였다.

〈 표 Ⅲ-1 〉 심리적 특성의 변화정도

변화의정도	특성	종류	학자
Positive States	일시적이고 매우 변하기 쉬운 일반적인 감정들	기쁨, 긍정적인 무드, 행복	
State-Like	상대적으로 개입이나 교육에 의해 단련되거나 변할 수 있으며 개발이 가능함	효능감, 희망, 복원력, 낙관주의, 지혜, 안녕, 감사, 용서, 용기 등	Luthans et al., 2007
Trait-Like	상대적으로 안정적이며 변하기 어려움.	Big 5 성격요인, 핵심 자기 평가, 인격 강점, 미덕	Perterson & Seligman, 2004

출처: Luthan & Youssef(2007:328-334); 연구자 재구성.

최근의 연구들은 이들 네 개 변수를 상위개념인 긍정심리자본으로 통합해서 개인과 조직의 성과 관련성을 연구하고 있다(Luthans et al., 2004; Luthans et al., 2007). 심리적 자본의 상위 핵심 요인화는 다양한 사례에 대해 경험적 연구를 통해서 증명되었으며, 개별적으로 적용될 때보다 더 시너지를 갖는다는 주장들이 제시되었다(Luthans, Vogelgesang, & Lester, 2006; Luthan et al., 2007; Luthans & Youssef, 2007). 개인의 긍정적 정서는 개인의 사고와 행위를 연결하고 다양하게 확장하며, 신체적·지적 자원에서 사회적·심리적 자원에까지 개인의 자원을 형성한다(Fredrickson, 1998).

퍼실리테이터의 비판적 성찰과 자기개발

2. 긍정심리자본 어포던스

Gibbson이 그의 저서 「The Ecological Approach to Visual Perception」에서 처음 어포던스의 개념을 제안한 것으로 알려져 있다(Greeno, 1994). 어포던스는 영어 'afford'의 '~할 여유가 있다, ~하여도 된다'라는 뜻에서 발전한 개념이다. 인간을 둘러싸고 있는 환경이 제공하고 자극하는 모든 것을 의미한다. 사물이나 환경이 가진 속성이 사람으로 하여금 수행하도록 돕는 성질이다(이호선, 2014). 송해덕과 박형주(2009:139)는 "어포던스는 생활환경, 표면, 물질 등과 같이 인간을 둘러싸고 있는 환경에 내재되어 있는 행동을 유발하는 의미 있는 정보"라고 재정의 하였다. 어포던스의 특성은 매우 포괄적이고 다양한 의미를 갖고 있으나, 행동을 지원하고 유발하고 유도한다는 공통점이 있다.

어포던스는 주로 테크놀로지 환경에서 사용자를 특정한 방향과 행동으로 유도하는 개념으로 사용된다(Billett & Pavlova, 2005). 온라인상에서 학습자의 사회적 상호작용을 돕거나(Kirschner, Stijbos, Kreijins, & Beers, 2004), 디지털기기를 이용할 때 사용자의 편의를 높이기 위한 매개체의 개념으로 사용되었다(송해덕, 박형주, 2009). Gaver(1996)는 반드시 테크놀로지 기반 환경이 아니더라도 개인이 어떤 행동을 가능하게 하는 심리적 매개체로써 어포던스의 개념을 제시하였다. 학습맥락에서 논리적 사고작용을 어포던스 개념으로 사용하여 학습행동을 설명하기도 한다(Johnsson & Boud, 2010). Billett와 Pavlova(2005)는 개인이 어려움 속에서도 일과 학습을 병행하기 위해서는 어포던스로써 자기주관성과 자기인식이 필요하다고 하였다.

같은 맥락에서 Van Woerkom(2004)은 비판적 성찰 업무 행동을 유도하는 심리적 어포던스로써 자아효능감을 보고하였다. De Groot와 동료들(2011)은 비판적 성찰 업무 행동을 촉진하기 위한 심리사회적 매개체(social affordance)를 밝히기 위해 자발적 전문가그룹을 대상으로 조사를 하였다. 그 결과 전문가의 자아효능감에 더해 다양한 식견, 진정성 있는 대화, 실수에 개방적인 분위기, 심리적 안정감 등이 중요하다는 것을 보고하였다. 이와 마찬가지로 자기효능감은 성찰이 비판적 성찰 업무 행동으로 나타나기 위한 심리적 매개체이며 동시에 긍정심리자본의 중요 구성요인이라는 것이 이미 여러 연구에서 증명된 바 있다(Luthans & Youssef, 2007; Stajkovic & Luthans, 1998).

선행연구들의 검토결과, 긍정심리자본은 매개효과를 나타내는 유용한 어포던스이자 측정하고 개발할 수 있는 자원으로 볼 수 있다. 긍정심리자본은 퍼실리테이터의 성찰 수준이 비판적 성찰 업무 행동으로 이행될 때 어떻게 매개 역할을 할 것인가를 확인할 필요가 있다. 비판적 성찰 업무 행동은 일정부분 위험을 감수하고 권력에 저항하는 요소를 포함하고 있기 때문에 자아효능감, 희망, 긍정성, 탄력성의 심리적 자원이 심리적 어포던스로 기능하여 비판적 성찰 업무 행동을 지원한다.

3. 긍정심리자본의 요소

1. 자기효능감

자기효능감은 개인이 과업을 성공적으로 수행할 수 있다는 자신의 능력에 대한 믿음을 의미한다(Bandura, 1977). 조직의 맥락에서는 정해진 과제를 성공적으로 수행하는데 필요한 동기와 자원을 확보하고 행동할 수 있는 능력에 대한 개인적인 확신이나 자신감으로 정의한다(Stajkovic & Luthans, 1998). 자기효능감은 확고한 이론적 근거와 다양한 연구로 지지를 받고 있다. 희망, 긍정성, 탄력성 등이 기질과 상태 양쪽에서 연구되는 것과 달리 자기효능감은 상태로써 측정되고 지지받아왔다는 면에서 긍정심리자본의 변인이 갖추어야 할 기준을 충족시키고 있다(Luthans, 2002a; Luthans & Youssef, 2007). 자기효능감을 가진 사람은 도전적인 과제를 선택하고 그 목표를 달성하기 위해 노력하고 어려움에 부딪혀도 좌절하지 않는다고 알려져 있다(Stajkovic & Luthans, 1998).

자기효능감은 다양한 실증연구를 통해 업무태도(Luthans, Zhu & Avolio, 2006), 리더십(Chemers, Watson, & May, 2000) 등에 긍정적인 영향을 미치는 것으로 보고되었다. 또한 주어진 기회를 포착하고 어려운 상황에서 주의를 집중하며 위기를 인식하는 것 등에 긍정적인 영향을 미친다(Krueger & Dickson, 1994). 자기효능감은 직접적인 경험, 모델링을 통한 대리경험, 사회적 설득, 심리적·생리적 환기 등의 인지적 프로세스를 통해서 계발되거나 육성될 수 있다(Stajkovic & Luthans, 1998a). 이러한 측면에서 교육훈련의 실시나 프로그램을 통해 자기효능감을 계발하기도 하고, 협력적인 조직문화도 자기효능감 개발에 도움이 된다. 자기효능감은 예상치 못한 사건들의 지속적인 축적 또는 단순하고 비공식적인 요소, 자신의 경험이나 육체적인 건강, 심리적인 안녕 등의 영향으로 강화될 수 있다(Luthans et al., 2006).

2. 희망

희망은 목표와 계획들이 성공적으로 성취되고 수행될 것이라는 믿음과 목표에 대한 의지와 그 경로를 찾을 수 있다는 긍정적인 동기부여 상태로 정의된다(Snyder et al., 1996:321). 희망은 좋은 결과가 일어날 가능성에 대한 믿음을 내포하고 개인의 자원에 대한 자신의 지각으로 좌우된다(Gofrey, 1987). 사람들은 자신의 목표를 달성할 수 있다고 지각하고 있고, 그 목표가 사회적·도덕적으로 수용될 수 있는 범위 안에 있을 때 희망을 품게 된다(Averill, Catlin, & Chon, 1990). 희망은 세 가지 요소로 구성되는데, 이는 개인이 가지고 있는 목표(goal), 목표를 지향하는 의지(agency), 목표로 향해가는 경로(pathway)를 성공적으로 끌어내는 상호작용이다(Snyder et al., 1996).

인간의 행동은 본질에서 목표 지향적이고 개인의 행동은 추구하고자 하는 목표와 연결되고 이 목표 달성에 대한 긍정적인 기대는 희망과 연결 된다(Snyder et al., 1996). 희망은 객관적 상황보다도 개인이 인식하는 세계 관에 더 큰 영향을 받는다. 희망 수준이 높은 사람은 목표에 이르는 경로 인 방법을 빠르고 효과적이며 쉽게 발견할 수 있고, 난관에 봉착했을 때도 더 적응적이고 긍정적인 정서반응을 보이는데 그것은 다른 추가적인 통 로를 탐색할 수 있다는 확신 때문이다(Snyder, 1995).

희망은 정서이며 동시에 사고과정으로서, 희망이 높은 사람은 목표 를 달성할 가능성을 크게 생각하고 실패보다는 성공이나 도전의식과 같 은 긍정적인 가능성에 초점을 맞춘다. 반대로 희망이 낮은 사람은 목표를 추구하면서도 목표에 낮은 가능성을 두고 실패할 확률에 초점을 맞추고 부정적인 감정 상태를 보인다(Snyder et al., 1991). 목표에 대한 동기부여와 목표 행동에 대해 영향을 준다는 점에서 자기효능감과 비슷하지만, 목표 가 이루어지는 과정에 초점을 두고 작용한다는 점에서 자기효능감과 구 분된다(Bryant & Cvengros, 2004; Carifio & Rhodes, 2002; Magaletta & Oliver, 1999; Snyder, 2002; Youssef & Luthans, 2007).

희망은 다양한 분야의 경험적 연구를 통해 긍정적인 성과에 영향을 미 치는 변인으로 증명되고 있다. 일반적으로 희망은 학업이나 운동적 성취, 육체적 · 정신적 건강과 생존과 관련된 대처, 믿음과 기술, 바람직하고 긍 정적인 삶의 결과 등과 유의미한 관계가 있거나 영향을 주는 것으로 나타 났다(Kwon, 2000; Onwuegbuzie & Snyder, 2000; Snyder, 2000; Snyder et al., 1996).

조직 상황에서도 높은 수준의 희망을 보이는 관리자는 더 높은 성과 와 직무 만족을 이끌어 내며(Peterson & Luthans, 2003), 리더십, 감독자 성과 평가, 임금(Luthans et al., 2007), 종업원의 성과, 만족, 행복, 몰입수준(Youssef & Luthans, 2007) 등의 지표에 긍정적인 영향을 주는 것으로 나타났다. 이와

반대로 재정적인 지원, 책임, 권한위임, 정보, 대화통로, 신뢰 등 유무형의
자원이 제한되면 희망의 경로 또한 제한될 수 있다(Snyder et al., 1996; Youssef
& Luthans, 2007).

3. 긍정성

긍정성은 자신이 처한 어려운 상황과 난관에도 불구하고 긍정적인 면
을 중시하고 스스로 동기부여 하여 긍정적인 전망을 갖고, 결과적으로 좋
아질 것이라는 믿음이다(Youssef & Luthans, 2007). 긍정성은 긍정적 사건은
항구적이며, 자신의 내면적 요인의 결과라고 생각하는 것이다. 반대로 부
정적인 사건은 일시적이고 특수한 외재적 상황 요인의 결과라고 파악하
는 것이다(Seligman, 1998). 반대로 비관주의는 부정적인 사건을 내면화시
켜 자신 내부에 원인이 있는 것으로 간주하는 것으로, 긍정적인 사건일지
라도 일시적이고 특수한 상황적 요인들로 귀인 한다(Peterson & Steen, 2002).
이러한 귀인방식의 차이로 비관주의자들은 자기 의심과 부정적인 기대에
의해 목표를 성취하는데 방해를 받는다. 이와 반대로 낙관주의자들은 그
들의 목표를 지속적으로 추구할 수 있는 동기부여가 되어 긍정적인 기대
들을 발전시켜 행동에 옮긴다(Carver & Scheier, 2006).

상황을 낙관적으로만 인지하는 것이 항상 긍정적일 수 없으며 비관주
의 역시 항상 부정적이라고 단정할 수 없다. 긍정성과 비관주의가 그 정
의에서 볼 수 있듯이 하나의 개념이 갖는 양극단으로 받아들여져 왔으나,
최근 하나의 차원으로 간주하는 것에 대한 비판이 지속해서 제기되어 왔
다(Robinson-Whelen, Kim, MacCallum, & Kiecolt-Glaser, 1997). 긍정성과 비관주

퍼실리테이터의 비판적 성찰과 자기개발

의가 각기 서로 다른 심리적 변인들과 유의한 관계를 맺고 있고(Scheier, Carver, & Bridges, 1994), 통계적 분석을 통해 긍정성과 비관주의가 독립된 두 가지 요인이라는 주장이 나오고 있다(신현숙, 2005; Herzberg, Glaesmer, & Hoyer, 2006). 따라서 긍정성과 비관주의적 인지방식은 필요와 상황에 따라 상호교차하면서 다양하고 유연하게 적용해야 할 필요가 있다.

Seligman(1998)은 무기력이 학습되는 것처럼 긍정성과 비관주의 역시 학습할 수 있고, 상태적(state-like) 특징을 더 많이 가지고 있어서 집중적인 개입을 통해 측정과 개발을 할 수 있다고 보았다. 인지-행동요법과 같은 개입은 비관주의자가 가진 부정적인 가정이나 믿음을 드러내고 이의를 제기하는 과정을 통해서 현실적인 긍정성과 같이 긍정적이고 생산적인 상태로 대체될 수 있다(Schneider, 2001; Schulman, 1999).

긍정성은 육체적·정신적 건강, 안녕, 대처능력과 회복정도 등의 많은 변인과 긍정적 결과로 연관되어 있다(Peterson, 2000; Scheier & Carver, 1992; Seligman, 2002). 조직맥락에서 긍정적인 종업원과 보험 판매성과와의 정적 관계를 발견하였으며(Seligman, 1998), 비관적인 경쟁자들보다 더 높은 성과와 낮은 이직률을 보였다(Seligman & Schulman, 1986). 긍정적인 종업원들은 그들의 성과평가, 직무만족, 업무 행복감에 긍정적인 관계가 있다고 밝혀졌으며(Youssef & Luthans, 2007), 스트레스도 낮은 것으로 나타났다(Schulman, 1999). 의료분야에서도 긍정성이 높은 환자들은 수술 후 긍정성이 낮은 환자들 보다 긍정적인 정서와 삶의 만족을 보였고, 부정적 감정 경험이 감소되었다(King, Rowe, Kimble, & Zerwic, 1998).

4. 탄력성

탄력성은 역경 혹은 위험에 적응하고, 본래의 기능을 유지하는 능력을 의미한다(Garmezy, 1993; Masten & Reed, 2002; Rutter, 1987). 탄력성은 환경이 급격히 변화하는 국면에서 정상으로 복귀하는 인간의 능력(Fraser, Galinsky, & Richman, 1999)과 성과를 개선시키는 역할을 설명하는 개념이다(Sutcliffe & Vogus, 2003). Luthans(2002a:702)는 역경, 갈등, 실패 또는 이와 반대로 긍정적인 사건이나 과정 같은 부담감으로부터 원래의 상태로 되돌아오는 역량으로 정의했다.

탄력성을 가진 사람들은 고통이나 역경을 만났을 때 긍정적인 의미와 긍정적인 가치를 찾으며 스스로 성장할 수 있다(Luthans, 2002a). 탄력성에 의한 긍정적인 반응들에 관한 결과는 정서연구에서 논의되는 용수철 효과와 유사하다(Fredrickson & Joiner, 2002). 즉 탄력성이 높은 수준일 경우 역경, 불확실성, 갈등 등과 같이 부정적인 상황이 심해지더라도 긍정적으로 상황에 대처하고 적응하는 수준도 비례해서 높아진다는 의미이다.

탄력성이 높은 개인은 지속적으로 변하는 조직 환경의 다양한 스트레스원에 더 잘 대처할 수 있고 역경 상황에서도 더욱 안정적인 정서를 보여준다(Tugade, Fredrickson & Feldman, 2004). 실증 연구에서도 탄력성이 높은 사람은 자신의 직무에 만족도가 높고 행복감을 느끼는 것으로 나타났다(Youssef & Luthans, 2007). 종업원 성과, 직무만족, 조직몰입, 직무행복감, 다운사이징에 의한 스트레스 상황 등에도 긍정적인 영향을 주고 있다(Luthans et al., 2007). Luthans와 동료들(2005)은 갑작스러운 변화를 겪는 상황에서 중국 종업원들의 탄력성이 업무의 성과에 미치는 영향을 조사한 결과, 탄력성이 높은 종업원들은 건강과 행복, 업무성과를 그대로 유지했

퍼실리테이터의 비판적 성찰과 자기개발

다고 밝혔다. 탄력성은 개인들이 일상생활에서 겪는 도전이나 위험에 따르는 스트레스에 효과적으로 대처함으로써 역경으로부터 원래의 안정적인 상태로 되돌아올 수 있도록 돕는다(Sutcliff & Vogus, 2003).

탄력성은 자기효능감, 희망, 긍정성을 회복시켜주는 선행요인으로 보인다. 탄력성은 긍정심리자본의 다른 요소들과 함께 상호작용하여 시너지를 발휘하면 더욱 크게 발현됨으로써 긍정적인 반응의 수준이 높아질 것을 예상할 수 있다(Richardson, 2002). 삶의 다양한 도전에 직면한 인간이 긍정적으로 발달·성장하게 해주는 기술, 태도, 능력을 규명하는 데 있어 탄력성이 유용한 개념적 틀을 제시하기 때문에(이해리, 조한익, 2005; 장휘숙, 2001; Baumgardner & Crothers, 2009), 심리학이나 사회복지학, 특수교육 등 인간 발달과 변화를 연구하는 분야에서는 탄력성이 활발하게 연구되고 있다(Cicchetti & Garmezy, 1993; Fraser et al., 1999; Masten, 2001; Masten & Reed, 2002).

이와 같이 긍정심리자본의 각 구성요소들에 대한 선행연구를 검토한 결과 긍정심리자본의 구성요소들이 성과에 영향을 주는 심리적 자본임을 알 수 있었다. 따라서 비판적 성찰 업무 행동에도 영향을 주리라는 것을 예측할 수 있다. 이 연구에서는 긍정심리자본이 퍼실리테이터의 성찰 학습 수준과 비판적 성찰 업무 행동 사이에서 매개변인으로써 어떤 매개역할을 하는가를 검증하고자 한다. 퍼실리테이터의 긍정심리자본이 성찰 수준과 비판적 성찰 업무 행동에 긍정적인 영향을 준다면 성찰을 사고수준에서 머물지 않고 비판적 성찰 업무 행동에 도움을 주는 심리적 어포던스를 추가하게 된다. 긍정심리자본은 훈련과 교육을 통해서 개발할 수 있는 자원(Luthans, 2002b)이기 때문에 퍼실리테이터의 성찰 학습 수준과 함께 비판적 성찰 업무 행동을 촉진할 수 있는 환경을 조성하는데 도움을 줄 수 있다.

4. 상호작용

1. 성찰 학습 수준과 긍정심리자본의 관계

Korthagen(2005)는 문헌연구를 통해 성찰은 개인의 강점과 긍정적 정서를 형성하는데 기여한다고 하였다. 실증적인 연구들에서는 성찰 학습 수준과 긍정심리자본의 관계에서 긍정심리자본의 구성요인 중 하나인 자기효능감에 관한 연구가 주를 이룬다. 대학 수업에서 개인적 성찰과 협력적 성찰이 자기효능감에 미치는 영향 연구(유병민 외, 2013)에서 성찰유형에 따라 자기효능감에 긍정적 효과가 있음을 증명하였다. SNS를 이용한 협동학습의 성찰활동도 자기효능감에 효과적으로 나타났다(김은영 외, 2011).

해외연구도 성찰 수준과 긍정심리자본의 구성요인인 자기효능감에 관한 연구가 주를 이룬다. 대학의 컴퓨터공학 수업에서 성찰일지를 작성하는 활동은 학습자의 자기효능감 변화에 영향을 미쳤다(Dunlap, 2006). 수학과 대학생을 대상으로 한 연구에서 성찰일지 작성이 학습자의 사고를 돕고 자기효능감을 향상시키는 방법으로 활용될 수 있다고 보고되기도 하였다(Hekimoglu & Kittrell, 2010).

성찰 학습 수준과 긍정성을 알아보면, 간호사의 성찰 수준이 높을수록 팀 학습 분위기를 긍정적으로 인식한다는 결과가 있다(김희영, 장금성, 2013).

퍼실리테이터의 비판적 성찰과 자기개발

사회복지사의 성찰 학습 수준이 높을수록 클라이언트를 위한 정서적 지지와 긍정적 신뢰 관계 형성 간에 상관이 있다고 보고되었다(유영준, 2009).

2. 성찰 학습 수준과 비판적 성찰 업무 행동의 관계

성찰 학습 수준과 비판적 성찰 업무 행동에 관한 선행연구로는 교육담당자를 대상으로 하여 성찰학습, 상호작용 공정성, 조직 내 신뢰와 업무수행행동의 영향관계에 대한 연구가 있다(정미영, 2012). 연구결과 성찰학습, 상호작용 공정성, 동료 신뢰가 업무수행행동에 정적(+) 영향을 주는 것으로 나타났다.

성찰 수준 중 무 성찰은 비판적 성찰 업무 행동에 부정적 영향을 미치는 것으로 나타났다. Van Woerkom과 동료들(2002)은 직업특성과 개인의 특성이 비판적 성찰 업무 행동에 영향을 주는 요인으로 보았다. 개인특성 중 경험의 중심성이 비판적 성찰 업무 행동에 부적(-) 영향을 미치는 것으로 나타났다. 경험의 중심성은 연령이 증가할수록 경험의 양은 증가하지만, 경험의 다양성은 줄어들게 된다(Van Woerkom, 2002). 한 분야에서 경험이 많을수록 그 분야의 가정에 의심하고 도전할 가능성은 작아지게 된다. 이처럼 경험의 집중성은 성찰 학습 수준의 습관적 행위, 이해단계와 같은 무 성찰로 볼 수 있다.

그 외로는 성찰 학습 수준과 결과행동에 미치는 영향에 관한 선행연구를 바탕으로 간접적으로 비판적 성찰 업무 행동과의 연관성을 찾을 수 있다. 교사교육과 의료, 사회복지 분야에서 반성적 사고라는 개념으로 그 성찰 수준의 결과를 측정한 연구들이 활발한 편이다. 반성적사고 수준에 따라 교수행동, 간호사의 통찰력과 의사소통기술, 간호역량에 모두 유의한 영향을 주었다(김희영, 장금성, 2013; 한수란, 황해익, 2007; Paget, 2001).

성찰 학습 수준이 높은 학습자의 경우 학업성취점수가 높았다는 연구 결과들이 있다(Peltier et al., 2005, 2006; 조성문, 2012). 성찰 학습 수준이 높은 학습자일수록 과제의 의미를 탐구하고 학습경험을 자기 자신과 실제 세계에 적용하여 의미를 찾았다(Peltier et al., 2006).

성찰에 관한 연구는 주로 개인보다 팀 성찰을 대상으로 더 많이 연구되었다. 성찰하는 팀은 무 성찰의 팀보다 더 구체적으로 계획하고 목표달성과 의사결정에 효과적이고, 팀 성찰 수준이 높을수록 팀의 지속성과 성과에 효과적이었다는 연구(Schippers et al., 2003)가 있다. 팀 학습은 성찰과정을 매개로 메타인지와 사회적 상호작용을 통해서 팀의 부정적 영향력을 최소화하고 성과에 긍정적 영향이 있다고 보고 하였다(Edmondson, 1999, 2002; Kayes et al., 2005; Knapp, 2010). Garavan과 McCarthy(2008)는 선행연구를 통해 효과적인 팀 학습의 조건을 검토한 결과, 집단학습을 하는 개인과 성찰을 포함한 인지적 과정이 강조되었을 경우, 효과적인 성과행동으로 연결된다고 보고하였다(Berson et al., 2006; Garavan & McCarthy, 2008; Knapp, 2010).

3. 성찰 학습 수준, 비판적 성찰 업무 행동에서 긍정심리자본의 매개관계

긍정심리자본과 비판적 성찰 업무 행동의 관계를 보면, 긍정심리자본의 구성요인 중 하나인 자기효능감이 비판적 성찰 업무 행동에 정적인 영향을 미친다(Van Woerkom et al., 2002). Van Woerkom 외(2002)의 연구에서 자기효능감은 비판적 성찰 업무 행동에 56%의 설명력을 보였다. 자기효

퍼실리테이터의 비판적 성찰과 자기개발

능감은 참여적 행동과 함께 비판적 성찰 업무 행동을 예측하는 데 매우 중요한 요인이었다. 국내에서도 자기효능감이 비판적 성찰 업무 행동에 직접적으로 정적인 영향을 미친다는 연구가 대기업 사무직 근로자를 대상으로 증명되기도 하였다(최지원, 정진철, 2012). De Groot 외(2011)는 비판적 성찰 업무 행동을 촉진하기 위한 심리사회적 행동유도를 밝히기 위해 자발적 전문가그룹을 대상으로 조사를 하였다. 그 결과 전문가의 자아효능감에 더해 다양한 식견, 진정성 있는 대화, 실수에 개방적인 분위기, 심리적 안전감 등이 중요하다는 것으로 밝혀졌다.

긍정심리자본의 다른 구성요인들의 선행연구들에서 긍정성과 희망을 비판적 성찰행동업무의 직접적 예측변인으로 본 연구는 찾기 힘들다. 그러나 긍정성과 희망이 변화에 대해 바람직하고 긍정적으로 인식하고 변화에 직면했을 때 변화에 참여하려고 노력한다는 의미에서 변화준비성과 연결하여 간접적으로 관계를 예측할 수 있다. 최지원과 정진철(2011)은 변화준비성이 비판적 성찰 업무 행동에 직접적으로 정적인 영향을 미친다는 것을 증명했다.

탄력성과 비판적 성찰 업무 행동의 관계로는 Leroux 와 Théorêt(2014)의 연구를 참고할 수 있다. 교사들의 탄력성 수준과 성찰적 실천의 관계에서 높은 탄력성을 가진 교사들은 문제보다 해결방안에 더 집중했고, 원인을 상황에서 찾기보다는 스스로에 대해 성찰하는 경향을 보였다.

비판적 성찰 업무 행동의 구성요인인 실수개방성, 피드백요청행동, 실험, 비판적 의견공유행동, 집단사고 도전행동과 관련한 연구는 팀의 학습행동연구에서 나타난다. 팀 심리적 안정감은 팀의 학습행동인 피드백 요청, 실수관용, 실험적 시도행동에 긍정적 영향을 준다는 연구들이 있다(Edmonson, 1999; Nembhard & Edmondson, 2006).

긍정심리자본은 자기효능감, 낙관주의, 희망, 복원력의 4개의 하위 구성요소의 합성개념이며 성취와 성공을 향한 개인의 긍정적인 인지 상태의 정도로 정의된다(Luthans, Avolio et al., 2008; Luthans, Youssef, & Avolio, 2007). 긍정심리자본 측정도구는 Luthans와 동료들(2007)이 자기효능감 (Parker, 1998), 희망(Snyder et al., 1996), 낙관주의(Scheier & Carver, 1985), 탄력성(Wagnild & Young, 1993)의 4가지 하위구성요소의 기존측정문항들을 조직상황에 맞게 수정하여 총 24개의 문항으로 재구성하였다.

이 연구에서 긍정심리자본을 Luthans와 동료들(2007)이 개발한 긍정심리자본 측정도구를 국내연구에서 최용득(2009), 박용권(2010)이 사용한 것을 활용하였다. 최용득(2009)은 긍정심리자본이 자기효능감, 희망, 낙관주의, 탄력성의 4개 하위요인으로 구성된 다차원개념임을 국내 상황에서 실증하였다. 각 문항은 리커트 7점 척도로 측정되었다(1= 전혀 그렇지 않다; 4=보통이다; 7=매우 그렇다). 90명의 예비조사를 통해 타당성을 검증하기 위해 주성분분석 방법과 직각회전(varimax)방식에 의한 요인분석을 실시하였다.

■ 긍정심리자본 측정도구

구분	문항
자기 효능감	나는 장기적인 문제를 해석해서 해결책을 찾는 일에 자신 있다.
	나는 상사들과의 회의에서 자신 있게 나의 직무분야를 대표 할 수 있다.
	우리 회사의 전략에 관한 논의가 있다면 참석하여 자신 있게 공헌 할 수 있다.
	나의 업무분야에서 목표설정을 도울 수 있는 자신감이 있다.
	나의 문제를 해결하기 위해 외부 사람들을 자신 있게 접촉할 수 있다.
	나는 동료들에게 가진 정보를 자신 있게 제공할 수 있다.
낙관 주의	나와 관련된 업무상 일들의 전망이 불확실 할 때 나는 보통 최상의 결과를 기대한다.
	나와 관련된 직무에 문제가 생길 경우 그 일이 잘 안될 것이라고 받아들이는 편이다.
	나는 항상 내 직무에 있어서 밝은 면을 보려고 한다.
	나는 하고 있는 일의 미래 전망에 낙관적이다.
	내가 맡고 있는 일들은 결코 내가 원하는 방식으로 풀려 나가지 않는다.
	나는 힘든 일이 있으면 좋은 일도 있다는 믿음으로 직무를 대한다.

희망	나는 직장에서 난관에 부딪쳤을 때 그것을 벗어날 수 있는 많은 방법을 생각해 낼 수 있다.
	나는 현재 직장에서의 나의 목표를 열성적으로 추진하고 있다.
	어떤 문제든 그것을 해결하는 방법은 많다.
	나는 현재의 직장에서 꽤 성공한 것으로 스스로 평가 한다.
희망	나의 업무목표를 달성하기 위해 많은 방법들을 생각해 낼 수 있다.
	나는 직장에서 스스로 설정한 목표를 만족시키고 있다.
탄력성	내가 직장에서 좌절을 겪었을 때 그것을 떨쳐 버리고 회복하는 데 어려움을 느낀다.
	나는 보통 직장에서 겪게 되는 어려움을 여러 가지 방법으로 잘 대처한다.
	나는 근무 시 필요하다면 혼자서도 일을 수행할 수 있다.
	나는 보통 직장에서 스트레스 주는 일들을 잘 극복한다.
	나는 과거의 경험으로 힘든 일들을 잘 극복할 수 있다.
	나는 나의 직무에서 한 번에 많은 일을 처리할 수 있다.

퍼실리테이터의 비판적 성찰과 자기개발

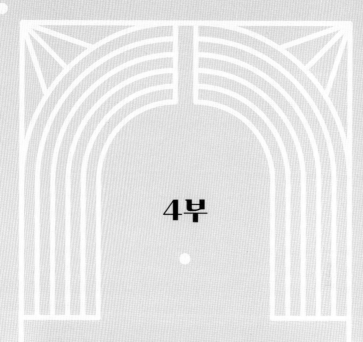

4부

퍼실리테이터와 전환학습

1. 퍼실리테이터와 전환학습

전환학습은 Mezirow가 제시한 이후 지난 35년간 성인교육에서 학습자가 세계관을 바꾸는데 이론적으로 중요한 기여를 해왔고(Brock, 2009), 현재 성인교육연구와 박사과정 프로그램에서 가장 광범위하게 연구되고 있는 분야이다(Taylor, 2000; King, 2009). 성인교육의 핵심에 위치하고 있으나(Merriam & Caffarella, 1999), "성인교육자들은 어떻게 전환학습을 촉진할 수 있나?"하는 물음(King, 2009)에 대한 실증적 연구는 미미한 편이다. 전환학습을 발생시키는 것이 무엇인지에 대한 아이디어 없이 교육자들은 전환학습을 최대화하기 위한 노력을 해왔는지도 모른다(Brock, 2009).

성인교육의 일선에 있는 퍼실리테이터에게 전환학습을 촉진하는 요인은 학습의 성공을 가늠하는 중요한 정보이다. 성인교육자의 관심은 그들이 직접적으로 영향을 줄 수 있는 학습상황에서 전환적 관점에 영향을 주는 무슨 일이 있어났는지이다. 게다가 학습활동은 성인교육자인 퍼실리테이터가 통제하므로써 학습자의 변화의 경험을 좀 더 완벽하고 정확하게 만들 수 있다(King, 2009). 그러나 퍼실리테이터의 역량과 전환학습의 관계가 구체적이고 실증적으로 연구된 경우는 찾아보기 힘들다. 전환학습의 연구방법이나 메지로우의 10가지 단계에 대한 연구방법은 거의 전적으로 질적 방법에 의존한다(Merriam & Caffarella, 1999; Taylor, 2007; Brock, 2009).

전환학습이 경험을 통해서 학습자의 본질적인 시각과 관점을 바꾼다면 누군가는 학습자의 전체의 경험을 측정하여 증명해내야 한다(King & Wright, 2003). 또한 전환학습이 언제 일어나고, 왜, 어떻게 일어나는지를 더 잘 이해할 필요가 있다. 성인교육자인 퍼실리테이터가 학습자의 경험을 더 폭넓게 이해할수록, 학습자에게 적절한 모델과 학습 툴과 기술과 기회를 제공할 수 있고(King, 2009), 전환학습에 대한 양적 이해가 있다면 실천가들은 각 단계를 다양한 방법으로 발전시킬 수 있다(Brock, 2009).

삶의 급격한 변화의 경험은 전환적 관점을 돕는다(King, 2009). 사람들은 종종 "트리거 이벤트"와 같은 갑작스런 변화를 통해 새로운 방식으로 생각하게 된다(Merriam, 1998; Merriam, Caffarella & Baumgartner, 2006; Mezirow, 1991, 2000), 그리고 어떤 경험은 교육적 경험과 상호작용한다. Mezirow(1991)에 따르면 전환학습은 가족의 죽음, 실직, 퇴직, 전쟁, 질병과 같이 삶에 대한 시각을 바꿀 만큼의 충격을 주는 사건이나 삶 자체를 흔들만한 계기가 주어졌을 때 시작된다고 하다. 자신이 겪은 여러 가지 경험으로부터 자기 자신과 주변을 되돌아보고, 새로운 의미를 형성하여 자신의 관점을 재구성해나가는 의미구조의 전환과정을 거친다(Cranton & Carusrtta, 2004). 졸업, 취직, 이직, 전직, 은퇴와 같은 직장의 변화는 삶의 형태와 내용을 바꾸는 중요한 사건이다. 이 연구에서는 졸업과 취직, 이직과 전직, 은퇴를 한 성인 학습자를 대상으로 이러한 삶의 변화가 전환적 관점에 어떤 영향을 주었는지를 측정하고자 한다.

전환학습경험에 관한 연구들이 질적 연구에 치우쳐 양적연구는 소수에 불과하다(Talyor, 2000). King(1998)은 이러한 연구의 취약점을 보완하

퍼실리테이터의 비판적 성찰과 자기개발

여 전환학습을 양적연구가 가능하도록 Brookfield, Mexirow, E. Talyor, K. Taylor, Shaw등의 연구결과에 기반하여 측정도구를 개발하고 발전시켰다. 그녀는 고등교육기관에 등록한 성인 학습자를 대상으로 학습활동 조사도구(LAS:Learning Activities Survey)를 개발하여 전환학습에 영향을 주는 요인과 전환학습경험을 측정하였다. 전환학습에 영향을 주는 요소로서 사람(70%), 학습활동(68.6%), 삶의 변화경험(41.6%)의 영향력을 양적으로 측정하였다. 영향을 준 사람의 순서는 교사가 52%, 교육 참가자가 48%, 클래스 메이트 42%, 선배나 조언자 36%로 나타났다. 이 결과와 조사도구는 700회 이상의 서베이와 학자들에 의해 증명되고 그 신뢰도와 타당도를 인정받고 있다.

전환학습경험에 영향을 주는 요소로서 사람과 활동과 삶의 경험치를 증명하고 영향력을 측정하고 있으나(King, 1997, 2000, 2004; Anderson, 2009; Arslanian, 2011; Booker, 2012; Bradshaw, 2008; Brock, 2007, 2009; Caruana, 2011; Cerda, 2012; Duncan, 2011; Glisczinski, 2005, 2007), 대부분 전환학습영향요인으로 사람과 학습활동의 영향력을 밝히는 수준에 머무르고 있다. 성인교육자는 퍼실리테이터가 되어야 하며 퍼실리테이션은 성인 학습을 촉진하는 가장 중요한 요소임(Knowles, Swanson, & Holton, 2005)에도 불구하고, 전환학습경험을 좌우하는 변인으로서 가장 큰 영향을 미치는 퍼실리테이터의 특성 중 어떤 특성이 중요하고 확대되어야 하는지에 대한 정보는 미비하다.

학습자의 관점 전환을 통해서 자율적으로 자아실현을 이루고 자아 임파워먼트를 갖도록 해주는 성인교육의 가장 중요한 목적이다(정은희, 2004; 박경호, 2009). 전환학습을 촉진하는 것을 밝혀내는 것은 성인교육자의 가장 큰 과제이다. 지금까지 밝혀진 요인으로는 인지적인 관점에서 비판적 성찰단계의 중요성(Mezirow, 1978, 1994, Cranton, 1994; Brookfield, 1986, 1995;

Brock, 2009) 이외에도 정서적, 영적, 상황적 차원의 연구가 폭넓게 진행됐다(Kovan & Dirkx, 2003; Kroth & Boverie, 2000; Tisdell, 2000).

성인 학습자는 삶의 역경과 시련을 경험하면서 삶의 급격한 변화적 경험을 통해서 전환적 관점을 형성한다(King, 2009). 실직, 전직, 이혼, 사별, 은퇴와 같은 삶의 갑작스런 변화를 통해 새로운 방식으로 생각하게 된다(Merriam, 1998; Merriam, Caffarella & Baumgartner, 2006; Mezirow, 1991, 2000), 이 과정에서 개인이 가지고 있는 긍정심리자본의 자기효능감, 희망, 낙관주의, 탄력성이 성인 학습자의 성찰과 관점 전환에 상호 영향을 주고 받는다. 이 장에서는 퍼실리테이터의 전환학습에 영향을 주는 요인으로서 학습자가 스스로 개발 가능한 자원인 긍정심리자본과 전환학습에 어떤 영향을 주는지 살펴보고자 한다.

퍼실리테이터의 비판적 성찰과 자기개발

2. 전환학습의 개념과 배경

전환학습(Transformative Learning)은 변화(change), 즉 우리 자신과 우리가 살고 있는 세상을 보는 방식에 있어서 극적이고 근본적인 변화에 관한 것이다(Merriam, Caffarella, & Baumgartner, 2007). 전환학습이란 "우리가 당연하게 생각해왔던 준거틀들(의미 체계, 생각 습관, 태도)을 행동을 선택하는데 있어서 더 진실하고 정당하도록 하기 위해서 변화에 대해서 더 포괄적이고, 분별력이 있고, 열리고, 정서적인 변화 능력을 갖도록 하는 프로세스"라고 말한다(2000:8). Mezirow는 성인들이 자신들의 삶의 경험을 어떻게 이해하는가에 관심을 가졌다. 그는 학습을 "미래의 행동 방향을 결정하기 위하여 과거의 해석을 사용하여 자신의 경험의 의미를 새롭게 혹은 수정해서 구성하는 프로세스"라고 정의한다(2000:5).

전환학습의 개념은 1978년 Mezirow에 의해 처음 소개된 이후로 성인교육분야에서 핵심 주제로 다루어져 왔고, 여러 학자들에 의해 다양한 분야에 적용되고 발전되어 왔다(Dirkx, 1998; Daloz, 1999; Taylor, 2005; Cranton, 2006; Merriam et al., 2007; Mezirow, 1990, 2003). 전환학습은 행동주의, 신마르크스주의, 포비즘, 심리학적 인본주의와 같은 현존하는 지적 이론과 전통의 체계에서 확장된 개념이라기보다는 여러 다양한 학문 분야의 개념과

Mezirow의 초기 이론의 통합된 개념이다(Mezirow, 1991:xiv). 특히, 하버마스의 도구적 학습과 의사소통적 학습에 관한 아이디어와 구성주의, 인본주의, 사회비평이론이 토대가 되었다(Cranton & Taylor, 2012).

전환학습의 기본적 이론적 배경은 하버마스의 '인식과 관심(Knowledge and Human Interest)'에 기반을 두고 있다. 하버마스는 전제로 하고 있는 것은 지식은 역사적이고 사회적인 맥락에 그 뿌리를 두고 있고 인간의 이해관심(interest)과 직결되어 있다는 것이다(Rick, 1986; 김경희, 1998 재인용). 하버마스는 실증주의가 강조하는 지식의 순수성 혹은 객관성에 대한 환상, 실증주의적 지식의 탈정치적이고 탈도덕적인 성격, 실증주의적 지식이 모든 지식의 표본인 것처럼 다른 모든 지식 위에 군림하려는 자세 등을 극복하고자 하였다(김경희, 1998). 인식관심이란 인간이 현실을 파악하고 인지하는 데 있어 인간의 인식활동을 특정한 형태로 구조 짓는 기본 경향(윤평중, 1990)이라고 할 수 있다. 하버마스는 학문의 논리 방법적 규칙과 인식에 대한 관심은 깊은 관련이 있다고 보았다(김경희, 1998). 하버마스는 인간이 무엇을 알고자 하는 인식관심을 기술적(technical), 실천적(practical), 해방적(emancipatory) 관심으로 분류하였고, 이에 해당하는 각각의 학문영역이 있다고 하였다. 하버마스(1984)는 인간의 다양한 관심사에 해당하는 각각의 다양한 형태의 지식을 필요로 하며 인간의 관심이 지식을 만들게 하다고 주장하였다. 다양한 인간의 관심은 기술적 지식, 실천적 지식, 해방적 지식으로 연결되므로 자연과학적 실증주의가 각 개인들의 지식과 경험에 유일한 기준으로 적용될 수 없다고 주장하면서 관심과 지식과 학문의 연결을 제시하였다(Ewert, 1991).

Mezirow는 이 개념을 전환학습의 의미시각(meaning perspective)으로 연결시켜서 도구적 학습, 의사소통적 학습, 해방적 학습의 3가지 학습영역

퍼실리테이터의 비판적 성찰과 자기개발

으로 분류하였다. 기술적 관심은 환경을 조절하고, 물리적, 사회적 사건을 관찰하고 예측하고, 사건의 인과관계를 알아내는 도구적 지식이 필요하고, 실천적 관심은 서로의 언어를 이해하고 개인을 너머서 이성적 담론을 통해서 사회를 형성하는 사회적 기준, 문화적 가치와 전통을 이해할 수 있는 실천적(의사소통적) 지식이 필요하며, 해방적 관심은 도구적 지식과 의사소통적 지식에 의문을 제기하는 데서 비롯해서 자기를 결정하고 자기를 성찰하므로써 우리자신과 사회구조에 대한 비판적 성찰의 과정을 포함하는 해방적 지식을 필요로 한다(Cranton, 1994).

〈 표Ⅳ-1 인식관심과 지식, 학습영역 〉

Habermas				Mezirow
인식적 관심사 (interest)	지식 (knowledge)	매개물 (medium)	학문분야 (science)	학습영역
기술적관심 (technical)	도구적 지식 (instrumental)	일 (work)	실증적 경험분석 과학 (empirical analytic)	도구적 학습영역 (관계와 과업지향)
실천적 관심 (practice)	실천적 지식 (이해)	언어	해석적 과학 (interpretive science)	의사소통적 학습영역 (이성적 담론)
해방적 관심 (emanci patory)	해방적 지식 (성찰)	힘, 권력	비판적 과학 (critical science)	해방적 학습영역 (비판적 성찰)

Ewert. (1991), Cranton, (1994).

성인 학습은 인간행동의 변화라는 단순한 교육목적에 국한되지 않는다. 대부분의 성인 학습은 다차원적인 것이기 때문에 환경을 조절하고 타인과 의사소통하는 학습을 통해 얻어진 지식에 대해 비판적 성찰하는 과정에 필요한 모든 학습이 요구된다. "해방적 학습은 모든 시대와 문화와 배경을 아우르는 성인교육의 목표이다(Cranton, 1994:13)." 이러한 해방적 학습이 이루어지는 교육적 배경이 바로 전환학습이다. 그러나 의미관점의 이동이 일어나고 전환학습에 도달하는 방법은 사람에 따라 맥락과 상황에 따라 달라질 수 있다. 교육장면의 핵심적 요소인 퍼실리테이터의 역량, 학습자의 긍정심리자본이라는 두가지 요인을 기준으로 무엇이 학습자의 성찰을 촉진시켜서 성인 학습자가 해방적 학습을 가능하게 하게 전환학습에 도달하도록 하는지를 밝혀야 하는 필요성이 있다.

퍼실리테이터의 비판적 성찰과 자기개발

3. 전환학습과 성인 학습의 관계

성인 학습자의 해방적 과정을 통한 전환학습은 어떻게 이루어질 수 있을까? Mezirow는 학습자가 비판적 성찰과 이성적 담론(rational discourse)을 통해서 의미구조를 수정 및 전환하는 것을 전환학습이라고 보았다 (Mezirow, 1991, 2000; Baumgartner, 2003).

성인은 사회화나 문화적 동화 과정을 거치고 여러 경험을 통해서 그 경험들이 의미하는 바를 이해하고 해석하게 하는 의미구조(meaning structure)를 지니게 된다(Merriam et al., 2007). 성인들의 의미구조는 삶의 경험과 함께 축적되는 동안 습관적으로 인식하고 판단하면서 고정관념이나 편견으로 자리잡기도 한다. Mezirow는 삶에 대한 편협된 시각이 전환되는 것을 성인 학습에서 해방적 과정이라고 보고 해방적 과정의 전환학습이 가능하도록 "의미단위"(meaning scheme)와 "의미관점"(meaning perspective)이라는 이론적 토대를 제시하였다(Mezirow, 1991).

의미단위는 습관화된 인식작용으로 현상에 대한 이해와 해석과정에서 암시적인 규칙으로 작용한다. 원인과 결과에 대한 해석, 사건에 대한 예측, 일의 순서와 분류에 관한 습관적인 기대(habitual expectation)와 경험을 해석해가는 개인의 독창적 방법들이 포함된다. 의미관점은 의미단위보다 좀 더 높은 위치에 있는 구성체로서 이론, 믿음, 스테레오타입, 평가기준 들이다. 의미단위의 집합체로서 언어학자들이 표현하는 '논쟁의 연결체' 들로 구성되어 있다. 삶과 자신과 경험에 대한 전제나 가정, 해석체계와 개념적 지도, 은유적 표출, 억압된 기능과 발달단계에서 이루어진 학습스타일들이 포함된다(Mezirow, 1997, 2000; Cranton, 2006; Kitchenham, 2008; 김경희, 1998; 박경호, 2009).

전환학습은 우리의 의미 단위나 의미 관점에 전환이 있을 때 일어난 다(Mezirow, 2000). 의미단위는 피드백 받을 수 있기 때문에 의미관점보다 더 쉽게 변할 수 있다(Mezirow, 1997). 전환학습을 통해서 다른 사람들의 목적, 가치, 기준을 무비판적으로 수용하는 것으로부터 자유로워질 수 있다(Merriam et al., 2007). 그러나 모든 학습이 전환학습이 되는 것은 아니며 "기존 의미 체계에 새로운 지식을 추가하거나 새로운 의미 관점을 배움으로써 학습할 수 있고, 그것은 학습자에게 엄청나게 중요한 경험이 될 수 있다"(Mezirow, 1991:223).

Mezirow의 전환학습 이론은 10단계로 이루어지나 가장 주된 구성요소는 경험, 비판적 성찰, 성찰적 담화 그리고 행동(action)이다(Merriam et al., 2007). 전환학습의 프로세스는 학습자의 경험으로부터 시작된다. 도구적 학습을 위해서라면 모든 경험을 통해 학습할 수 있겠지만, 해방적 학습을 위해선 학습자의 의미관점의 변화를 가져 올만한 우리 삶의 중대한 사건이 더욱 큰 영향을 줄 수 있다. 예를 들면 실직, 이혼, 가족의 죽음과 같은 특정한 정신적 변화를 동반하는 경험을 통해서 더욱 촉진된다(Jarvis, 1992).

Mezirow에 의하면 전환학습 프로세스는 대부분 '방향을 잃게 하는 딜레마' 즉 배우자의 사명 혹은 심각한 질병과 같이 그 사람이 위기로 인식하는 그의 삶에 생긴 사건 혹은 인생 경험에 의해서 시작된다(Merriam et al.,

퍼실리테이터의 비판적 성찰과 자기개발

2007). 그 다음 학습자는 자기점검을 한다. 자기 점검은 종종 "두려움, 분노, 죄의식 혹은 수치감"을 동반한다(Mezirow, 2000:22). 세 번째 단계는 자기점검으로 가정들에 대한 비판적인 검토단계로서 비판적 성찰의 영역을 포함한다. 네 번째 단계는 다른 사람들도 비슷한 프로세스를 겪었다는 것을 알게 되는 단계와 다섯 번째 단계는 새로운 역할, 관계, 혹은 행동을 위한 여러 가지 대안을 탐색하는 단계를 거친다. 여섯 번째 단계는 실천 계획 수립을 위해 지식과 기술을 습득하고 새로운 역할을 시도하고 그 과정에서 능력과 자신감 구축하기를 포함한다. 프로세스의 마지막 단계는 새로운 전환된 관점에 기초하여 자신의 삶으로 돌아가서 재통합하는 것이다(Mezirow, 2000).

그러나 관점전환의 단계가 비록 "관점 전환이 의미 창조 프로세스의 뒤를 따르는 것처럼 보이지만 반드시 '정확하게 이 순서대로'가 되어야 하는 것은 아니다."고 말한다(Mezirow, 1995:50; Merriam et al., 2007, 재인용). 그러나 그 경험은 반드시 학습자가 특정한 의미로 구조화 하여 자신의 가정과 신념에 대해 스스로 비판적으로 검토하는 과정을 거쳐야 한다(Merriam et al., 2007). "자신과 다른 사람들에 관한 구체적인 가정들이 새롭게 학습한 가정들로 전환될 때까지" 수정하도록 비판적으로 성찰하고 새로운 의미가 진실하고 믿을 수 있는지 테스트해야 한다(Mezirow, 1981, 1995).

비판적 성찰은 학습자의 의미구조의 변화를 일으키는 중요한 요인이며 비판적 성찰을 통해서 학습자는 자신의 왜곡된 세계관과 전제를 확인하고 변화시킬 수 있다(Mezirow, 2003). 왜곡된 가정을 새롭게 수정하기 위해선 다른 사람에게 다양한 의견을 구하고 Habermas의 성찰적 담론(reflective discourse)의 과정을 거치는 것이 필요하다(Mezirow, 2000:10). 비판적 사고에 대한 폭넓은 논의가 진행 중이고 비판적 성찰단계에서는 인지적 영역을 넘어서는 정서적, 영적, 상황적 차원의 연구가 폭넓게 진행됐다(Kovan & Dirkx, 2003; Kroth & Boverie, 2000; Tisdell, 2000). 최근의 이런 연구들은 비판적 성찰단계가 정서적, 영적요소, 맥락, 혹은 다른 방식의 앎의 차원 등으로 대체될 수 있기 때문에 성찰적 관점(perspective reflection) 또는 재구조화(reframing)으로 하면 더 적절했을 것이다((Merriam et al., 2007).

전환학습의 맥락에서 담론이란 "해석이나 신념에 대한 공통의 이해와 정당함의 평가를 위해 각자 가진 다른 관점을 나누는 것을 목적으로 하는 대화다."(Mezirow, 2000:11). 이러한 성찰적 담론과 비판적 성찰을 통해서 전환학습이 촉진된다(Merriam & Ntseane, 2008). Habermas는 이상적인 담론의 조건으로 완전한 정보를 가질 것, 자기기만으로부터 자유로울 것, 여러 주장을 객관적으로 측정할 수 있을 것, 공감하는 것, 담론과정에서 주어지는 다양한 역할에 참여하는 데 공평한 기회를 가질 것 등이다(Mezirow, 2000:14). "담론은 전쟁이나 토론이 아니다. 담론은 합일점을 찾고, 새로운 이해를 구축하기 위한 진지한 노력이다."(Mezirow, 1996:170).

이러한 담론과정에서 퍼실리테이터의 역할은 성인들이 다른 사람들과 논쟁하려는 마음의 자세에서 다른 사람들의 견해를 공감적으로 이해하는 마음으로 변화하는 것을 돕는 것이다(Mezirow, 2000). 성담론은 일대일이나 소그룹으로 또는 공식적인 교육환경에서도 이루어지며, 실제적인 활용경험과 사례를 제안한 연구들이 활발하게 발표되었다(Cranton, 1996, 2002; Lee & Greene, 2003; Sawyer, 2004; York & Sharoff, 2001). 그러나 보편적으로 좋은 것으로 받아들여지는 비판적 성찰과 성찰적 담론도 문화적 특수함과 권력에 의한 인식을 함께 고려할 필요가 있다(Merriam & Ntseane, 2008).

퍼실리테이터의 비판적 성찰과 자기개발

<참고자료> 메지로우의 학습의 구분*

메지로우는 학습을 하버마스의 인식 관심이론과 의사소통이론에서 많은 부분을 인용 및 재해석하였다. 하버마스는 인간의 관심이 지식을 만들게 한다고 주장하면서 기술적 관심, 실제적 관심, 해방적 관심을 각각 기술적 지식, 실제적 지식, 해방적 지식으로 연결하였다. 이러한 인간의 관심들은 각자의 환경, 타인, 권력과의 관계에 그 기초를 두고 있으며 그 각각의 영역들은 곧 '인식의 구조(knowledge)'가 된다. 왜냐하면 인간은 자신의 경험을 인식하기 위한 독특한 연결고리를 가지고 있으며 이것은 또한 지식을 발견하기 위한 방법, 경험에 대한 적합하고 타당한 주장을 펼쳐가기 위한 카테고리를 형성하기 때문이다.

하버마스는 처음 두 가지의 관심을 도구적 학습영역과 의사소통적 학습 영역으로 구분하고 나머지 해방적 관심은 비판적 반성의 학습 형태를 포함하는 것으로 보고 해방적 학습영역으로 구분하였다. 계획적인 학습, 의도적 학습에는 두 가지 상호작용적인 영역, 즉 도구적 학습과 의사소통적 학습이 있는데 이 두 영역 간에는 근본적인 차이점이 있다. 이 차이점은 사회언어학에 대한 이론적 맥락을 제공해 준 하버마스가 자세히 설명해 준다. 의사소통적 학습은 도구적 학습 논리와는 다른 논리에 기초를 두고 있다. 의사소통적 학습에서 말하는 논리에는 가설보다 은유가 더 중심적인 역할을 하며 이와 같은 학습의 형태에서는 비판적 논의와 활동을 통해 문제의 신념들이나 의미 단위들이 타당성을 인정받게 된다.

---

*   정은희(2004), 304-314.

1) 도구적 학습

하버마스는 인간의 도구적이고 실제적인 관심과 해방적 관심 이 두 부류의 관심은 각각 다른 학습 방법들을 요구한다고 주장한다. 도구적 학습은 환경을 조정하고 조작하기 위한 학습이고, 의사소통적 학습은 타인을 이해하기 위한 학습이다. 그래서 각각의 학습유형에 알맞은 다른 학습 방법이 요구된다고 설명한다. 도구적 행위는 언제나 관찰할 수 있는 사건들, 물리적이고 사회적 상황 속에서 예측할 수 있어야 하고 그것의 정확성의 여부를 입증할 수 있어야 한다.

이와 같은 행위는 실험적 지식에 그 기초를 두고 있고 기술적 법칙(technical rules)으로 설명된다. 따라서 도구적 학습의 특징은 원인과 결과의 관계와 과업 지향적인 것으로 문제를 해결해 가는 것이라고 할 수 있다. 도구적 학습은 일의 수행에 있어서 기술적인 측면에 관심을 가지고 언제나 즉각적으로 그 결과를 관찰할 수 있어야 한다. 또한 어떤 일, 사건에 대한 '예측'을 포함한다. 어떤 지식은 실험적 증명과정을 통해 그 지식의 타당성을 입증할 수 있다. 그래서 도구적 학습에서의 경험은 타당성을 검증하기 위해 조직된 조작적 형태로 제공된다. 그리고 학습의 과정은 원인-결과의 관계로 결정될 수 있는 것들로 구성된다.

2) 의사소통적 학습

메지로의 의사소통적 학습은 하버마스의 의사소통이론에서 상당 부분을 참고하고 있다. 하버마스의 인식적 관심의 두 번째 영역은 '실제적인 것'이다. 학습은 의사소통과 관련이 있고 학습의 목적은 의사소통하는 것을 배우는 것이다. 사고를 공유하기 위해 우리는 직접적인 대화나 작문,

연극, 영화, TV 그리고 각종 예술작품을 통하여 의사소통을 시도한다. 이처럼 학습도 의사소통의 한 방법으로 간주한다. 대부분 의미 있는 학습은 이런 의사소통적 체제에 속하게 된다. 왜냐하면 어떤 사회나 체제에서 이해한다는 것과 의사소통한다는 것은 한 사회의 문화와 언어적 기호와 사회규범과 기대치들로 이루어진 목적, 가치, 이념, 도덕적 이슈, 사회적·정치적 제도와 철학, 그리고 심리적, 교육적 내용의 이유와 근거들을 이해하고 설명하는 것을 의미하기 때문이다.

의사소통행위는 도구적 행위와는 확실히 다른 형태의 앎의 과정이다. 의사소통적 행위는 구속력이 있는 합법적 규범(Consensual Norms)들, 즉 최소한 두 사람 이상에게 이해되고 인식되어야 하는 상호작용적 행동을 통해 이루어진다. 사회규범들은 사회적 구속력이 있는 것으로 일상적인 언어 속에서 객관화된 의사소통이다. 기술적(technical) 규칙들과 전략들의 타당성은 실험적 사실이나 분석적으로 증명되는 사실들에 의존하는 반면, 사회적 규범의 타당성은 상황에 대한 상호의 이해 즉 상호주관적으로 입증되며 사회적 약속의 보편적인 인식을 통해 검증되는 것이다.

의사소통이 원활하게 이루어지기 위해서는 지속적인 타당성의 검증이 필요하다. 의사소통은 상징적인 상호작용으로서 경험에 대한 다양한 의미 주장을 몇 개의 특징으로 범주화하여 표현하는 것이다. 대화 속에서 오가는 주장들, 미래에 대한 예측, 설명에 대한 타당성을 따져봐야 하고, 명령이나 요구의 정당성에 대해서도 역시 그 타당성을 따져봐야 한다.

하버마스가 주장하듯이 의사소통적 학습에서의 타당성은 도구적 학습에서 사용했던 실험적 분석을 통해서는 결정될 수 없고 합리적인 담론(rational discourse)을 통해서 합법적인 형태로 가능하게 된다고 하였다. 메지로(Mezirow, 1991:77-78)는 이러한 합리적인 담론에 참여하는 사람들은 그들이 주장하고 있는 것들의 기저에 있는 상황을 이해하는 것에 관심을 가져야 하며 또한 다루는 논제들이 반드시 합의적으로 타당한 것이어야 해서 논의의 과정 역시 정당하고 타당한 분위기 속에서 이루어져야 한다.

의사소통학습에서 학습자들은 타인들의 행동과 언어, 활동과의 연속적인 상호관계 속에서 스스로 활동적이고 유 목적적으로 논의하고 결정하는 주체가 된다. 이 과정은 학습자 상호 간의 기대의 틀 속에서 이해의 전제구조와 틀을 제공하는 사회규범에 따라 지배된다.

의사소통적 학습에서 학습의 형태는 학습의 주제나 학습방식이 이미 주어진 전제 때문에 이루어지기보다는 학습 내용이 의미하는 바가 무엇인지 이해하는 것에 주력하고 있다. 또한 의사소통적 학습의 초점은 단순한 인과관계 형성을 위한 것이 아니라 상징적인 상호작용을 통해 시야를 넓히고 합의된 공동 이해의 배경(common)을 만들고자 하는 것이다. 이런 학습에서의 행위(action)는 기술적이기보다는 의사소통적이라고 할 수 있으며 가설의 진위를 검증하는 것이 아니라 해석구조의 타당성과 증명을 포함하는 의사소통적 학습 속에서의 문제해결 과정을 뜻한다.

메지로(1991)는 의사소통적 학습과 도구적 학습 사이의 차이점을 밝히는 것을 매우 중요하게 역설하였는데 그 이유는 지금까지 도구적 학습의 형태가 모든 학습의 전형인 것처럼 받아들여 왔기 때문이다. 하지만 그는 이 두 학습 사이에 몇 가지의 반대의 성격이 존재하지만, 최상의 학습은 도구적인 면과 의사소통적인 면 두 가지 모두를 포함한 학습이어야 함을 주장한다.

메지로는 의사소통적 학습영역에서 은유를 통한 학습, 은유적이며 유추적인 논리를 통한 문제해결학습, 타인을 통하여 직면하게 되는 낯선 세계에 직면하게 되는 것, 귀납적 논리를 통해 문제들이 연결되는지를 소개

퍼실리테이터의 비판적 성찰과 자기개발

하고 있다.

먼저 도구적 학습에서는 어떤 이유나 근거자료로 전제나 가정들이 이용되지만, 의사소통적 학습에서는 은유 사용하고 있다. 은유를 통한 학습은 단순한 표면적 유사성을 규정하는 것을 초월하는 것으로서 유사점들과 연합된 함의의 모든 영역을 설명해 주는 것이다. 은유는 지각된 경험과 이미 알려진 어떤 것과의 상관관계에 기초한다. 우리가 다른 사람들과 의사소통하는 과정에서 우리가 의사소통하는 것과 이해하는 것의 많은 부분이 은유적으로 해석된 것이다.

은유에는 실제의 경험에 대한 비판적 시각이 반영되어 있으므로 삶의 문제를 분석하는 과정과 경험에 의미를 부여하는 작업에 유용하게 사용됨을 설명하고 있다. 또한 메지로는 의사소통적 학습과정에서 은유적이고 유추적 논리를 통한 문제해결 학습을 소개하고 있다. 의사소통적 학습의 논리는 은유적-유추적(Metaphorical-Abductive) 논리이다.

이것은 도구적 학습의 가설적-연역적 논리와는 차별적인 것으로서 추상적인 것에서 구체적인 것으로 설명해가기보다는 구체적인 것에서 추상적인 것으로 옮겨가는 것이다. 연역적인 것에서는 논리적으로 확실한 사실관계를 설명하고(must be), 귀납적인 것은 여러 하위 현상을 통해 그 상위개념을 설명하는 것이고(is), 유추적 논리는 추측의 방법(may be)으로 설명한다. 의사소통적 영역에서의 문제해결과정은 우리가 이미 알고 있는 것, 현재의 의미 단위 속에서 해석되고 있는 것과 새로운 경험 사이에서 각자 나름의 은유적 조직을 만들기 시작한다. 상황을 이해하기 위해 시도하는 과정인 이 문제해결 과정은 다른 시각에 대한 개방적 태도가 필요하며 해석적 활동의 과정에서 학습자가 개방적인 태도를 통해 반성적이고 더 나아가 비판적 반성까지 할 수 있게 된다. 그 결과로 학습자는 기존에 의미 있는 것으로 인식되어왔던 것들에 대해 다른 문맥적 구조 속에서 새로운 용어나 의미 단위와 시각을 소유할 수 있게 된다. 이렇게 의미 단위를 새롭게 하고 오랜 사고들을 전환해가는 것을 통해 우리는 각자의 삶의 상황에 대해 나름의 의미를 부여해가게 되는 것이다.

그리고 의사소통적 학습은 타인의 의견을 매개로 이루어지는 것이기 때문에 이 학습과정에서 우리는 타인을 통하여 낯선 세계에 직면하게 된다. 이 때 우리의 반응은 새로운 의미 단위를 만들거나 이런 속성을 해석하려는 습관들로 귀착된다. 의사소통적 영역에서의 학습과정은 해석상의 구조에 대한 타당성을 밝혀가고 그것을 설명해가는 과정을 포함한다.

메지로는 낯선 세계를 경험하는 과정에서 Barer-Stein이 제시한 현상학적 분석의 다섯 단계를 인용하였다. 첫 번째 단계는 존재를 인식하고 깨닫는 단계이다. 이것은 어떤 사건이나 의견에 직면하였을 때 반성적인 멈춤을 갖는 것이다. 두 번째는 현상을 더 가까이에 두고 관찰하는 단계이다. 세 번째는 관찰된 상황 속에서 어떻게 행동할 것인가를 생각하는 단계이고, 네 번째는 그 상황에 실제로 직면하는 단계, 마지막 단계는 그 의미를 내면에 의미화하고 적용하는 단계이다. 낯선 세계에 직면하게 되었을 때 우리는 현상학적 분석을 통하여 그 현상의 타당성을 밝히고 판단하는 과정을 거치게 되며 결국 그 세계에 대한 의미를 부여하는 작업이 되는 것이다.

3) 해방적 학습

해방적 학습은 기술적인 것, 실천적인 것과 더불어 해방적 관심은 우리에게 반성을 통하여 왜곡된 의미시각들을 설명하고 수정하게 한다. 해방적 지식은 사회적 관계에 관심이 있는 실제적 관심으로서 비판적 자기 반성을 통하여 얻어진 지식이며 이 연구의 형태는 규범적으로 규정하거나 지시적이기 보다는 상황 인식적이다. 해방적 학습에서 해방이란, 우리의 선택을 제한하고 이미 주어진 것으로 여겨왔던 것들, 인간의 통제기제 그리고 우리의 삶에 있어서 합리적 통제라고 여겨왔던 환경적 통제기제, 제도, 관습, 인식, 언어, 본능적인 것들로부터의 해방이다. 이와 같은 것들은 학습기간을 통해 검증되지 않은 신념들의 관계들을 만들고 그 기준에 따라 행동하게 했던 오해들, 이데올로기, 그리고 심리적 왜곡들을 포함한다.

하버마스의 해방적 관심의 초점은 비판적 자기성찰에 있다. 도구적 학습, 의사소통적 학습의 영역에서 우리는 우리자신과 타인 또 우리를 둘러싸고 있는 환경에 대해 학습하게 된다. 이러한 학습 과정에서 비판적 성찰은 학습의 타당성을 입증해가는 과정에서 매우 중요하게 작용한다.

자기 성찰이 비판적이게 된다는 것은 우리가 살아가고 있는 삶에서 중요하게 작용하는 정형적인 틀, 억압적이고 구속적이게 만드는 것들, 즉 어떠한 의문 없이 받아들여져 왔던 가정이나 전제, 또한 이러한 상황에서 경험했던 거절, 태도, 수용적 자세를 취할 수밖에 없었던 과정들에 대한 관점을 연구하는 것이다.

우리는 우리자신의 삶에 대해 학습해왔던 대부분의 것들이 얼마나 무의식적이고 무비판적인 것이었는지 그 타당성을 검증해 보는 것에 익숙하지 않지만 자기-인식(selt knowledge)은 의사소통적 학습의 중요성을 더 부각시켜주는 것이기도 하다. 모든 비판적 성찰은 특별한 형태로 그 과정이 규정되어 있거나 반성의 범위가 한정적인 정형화된 반성이 아니라 모든 측면에 대해 반성하고 평가해 볼 수 있는 것이다.

해방적 학습은 대개 전환적인 것으로서 해방적 학습에서 학습자들은 감정과 행동양식들을 해석하는 대안적 방식을 습득하게 되며 오랜 의미 단위나 의미시각들은 새로운 시각으로 통합하기 위해 수정되거나 소멸되고 환원되거나 재조직된다. 해방적 학습을 통해 우리는 우리의 현실, 실제를 더 포괄적이고 명백하게 이해하게 되며 아울러 우리의 경험들과 실제의 삶의 관련성을 더 잘 이해하게 된다.

심리 문화적 가정들이 우리가 불변의 가치로 여겨왔던 외부적인 압력에 의해 생성되었고 그 가정들이 우리에게 의존적인 기제로 작용했던 것들에 대한 자각이 일어날 때 개인과 사회적 측면에서 극적인 변화를 가져오게 된다. 일방적 주입방식인 교화를 통해서는 해방이 이루어질 수 없지만 우리의 개인적 생애사와 전기적 상황을 이해하기 위해 시도되는 여러 학습들은 문제해결이 필요한 특정한 상황에서 우리 각자의 자율성과 책임감을 발휘하는데 충분한 도움을 줄 것이다.

해방적 관심과 자기성찰적 태도는 도구적 영역과 의사소통적 영역 모두에 중요한 역할을 할 수 있으며 또한 학습이 진행되는 동안 우리자신과 타인들 그리고 경험을 해석하는 측면에 있어서 우리가 취할 수 있는 최선의 태도일 것이다. 성인 학습은 '인간행동의 변화'라는 단순한 교육목적의 성취만으로는 그 의미를 이해하고 해석하기엔 불충분하다. 대부분의 성인 학습은 다차원적인 것이기 때문에 환경을 조정하는 학습, 타인과 의사소통하는 것과 타인을 이해하기 위한 학습도 포함되어야 하며 이런 학습들은 종종 비판적 성찰을 포함하기도 한다.

이것은 곧 어떤 성인 학습에 대한 분석이나 성인 학습결과들이 도구적 학습과 의사소통적 학습 모든 학습의 형태에 영향을 미칠 수 있어야 한다는 의미이며 이 두 영역에 대한 비판적 성찰의 역할과 아울러 학습자 자신에 대한 반성적 학습도 함께 이루어져야 함을 의미한다.

퍼실리테이터의 비판적 성찰과 자기개발

4. 퍼실리테이터와 전환학습의 관계

강사는 "전환적"학습과 내적 변화에 가장 중요한 요소 중 하나임에 분명하다(Minzberg & Gosling, 2004; Hay, Peltier, & Drago, 2004; Talyer, 2000).

자기주도학습맥락에서 전환학습을 촉진하기 위한 연구(Pilling-Cormick, 1997)에서 명백하게 학습자와 퍼실리테이터의 상호작용에 의해 성패가 결정된다. 모든 경험이 전환적이지는 않고, 학습자도 이를 기대하지 않지만, 전환학습의 기회는 존재한다. 퍼실리테이터와의 대화, 비판적 질문으로도 학습자는 전환학습을 경험할 수 있다. 퍼실리테이터의 스타일에 따라 학습자의 학습관점에 영향을 준다(Pilling-Cormick, 1997). 퍼실리테이터가 제공하는 질문, 인식과 경험 구성하기, 학급에서의 경험학습모델링하기, 비판적 사건과 성찰일지활동 등의 전략은 전환학습을 촉진하다(Cranton, 1994, 2000, 2006). 퍼실리테이터는 성인 학습자들 서로 간의 최고의 경험 또는 최악의 경험과 같은 특정한 맥락의 경험에 대해 토의하는 기회를 제공하므로써 비판적 성찰을 촉진시킬 수 있다(Brookfield, 1995). 퍼실리테이터는 성인 학습자들이 그들의 가정의 의문을 갖고 신념에 대해 조사하고 그 결과 새로운 가정을 갖게되는 기회를 제공함으로써 전환학습을 촉진시킬 필요가 있다(Brookfield, 1995; King, 1997). King(2005)은 다른 나라 학습자들 중에서 고질적으로 침묵을 지켰던 학생들이 사례연구, 프레젠테이션, 비판적 사고기술등을 배울 기회를 통해서 학습의 리더로 전환되는 사례를 보고하였다(Yeboah, 2012). 퍼실리테이터는 학습자들에게 도전적 과제를 제공하므로써 비판적 사고를 강화할 수 있는 기회를 제공해야 한다(Cranton, 2006a). 퍼실리테이터는 성인 학습자들이 모두 참여할 수 있는 지지적인 학습환경과 편안한 물리적 환경을 구성할 필요가 있다(Brookfield, 1986). 고등교육기관의 성인 학습자는 개인적 배경의 경험을 나누는 토의기회를 통해 다른 학습자의 관점과 비교하고 비판적 성찰을 통해 전환학습의 기회를 창출한다(King, 1997, 2000, 2005). 퍼실리테이터는 역동적인 비판적 담론의 과정을 제공하여 학습자가 의미를 탐구하고 가정에 대해 질문을 던지고 학습자를 지지하는 환경을 조성한다(Brookfield & Preskill, 2005). Freire(1970)는 의미있고 충실한 대화를 위한 퍼실리테이터의 여섯 가지 태도를 제안하였다. 인간과 세상에 대한 사람, 겸손, 학습자가 힘을 가질 수 있다는 신념, 신뢰, 의미 있는 대화에 대한 희망, 비판적 사고와 지속적인 현실개혁의 여섯 가지를 제안하였다. Daloz(1999)는 멘토링이 전환학습을 촉진한다는 점을 강조하면서 학습자를 지원하는 기준으로서 학습자의 눈높이와 경험에 집중해서 적극적으로 경청하기, 구조화된 기대와 과제와 학습도구 제공하기, 학습자에 대한 긍정적인 기대를 보여주기, 권력의 개입이나 타인의 비난으로부터 옹호해주기, 함께하고 공유하기, 그리고 특별하게 만들어 주기를 제안하였다. 또한 판단하지 않는 태도와 친숙한 학습환경, 개인적 경험에 초점을 맞추고 특별한 과제를 제공하고 기술적 지원을 제공할 경우 전환학습을 도울 수 있다고 제시하였다. Daloz(1987)는 학습자에게 멘토링을 제공하는 것이 전환학습에 가장 중요한 요소라고 주장한데 비하여, Brookfield(1986)는 이러한 멘토링의 역할이 퍼실리테이터에 의한 그룹상호작용으로 더욱 효과적일 수 있다고 주장하였다. 성인 학습자의 경우 그룹은 전환학습의 중요한 매개물이다 (Brookfield, 1986).

전환학습을 촉진하는 요소로써 사례연구, 협동학습, 성찰일지, 토의, 결정적 사건분석, 협력적 문제해결, 자서전 쓰기와 같은 다양한 학습전략이 있다(King, 2005; Brookfield, 2000). Cranton(2002)은 전환학습을 촉진하는 일곱가지 측면을 제안했는데, 자기성찰의 결과를 표현하고 활발하게 토의하기, 무의식적으로 축적해왔던 가정 조사하기, 대안적 관점 갖기, 가정과 대안적 관점에 대한 합의를 위한 토론하기, 개방적이고 타당한 가정으로 변화하기, 변화된 가정과 관점과 사고에 따른 행동하기 등이다. 무엇보다도 전환학습을 촉진하는 가장 효과적인 방법은 성인 학습자의 경험에 대한 개인적이고 몰입된 자극적인 성찰과정이다(Pohland & Bova, 2000; Macleod et al., 2003; Feinstein, 2004; King, 2004). 또한, 비판적 사고기술, 개인적 자기성찰, 교실토의와 대화, 멘토링 등도 성인 학습자의 전환학습을 촉진한다(King, 1997; Taylor, 1998). 학생과 퍼실리테이터의 상호작용에 영향을 주는 요소는 사회적 제약, 환경적 특성, 학습자의 특성, 퍼실리테이터의 특성의 네 가지로 구분할 수 있다. 이 네가지 요소들은 학습자와 퍼실리테이터가 학습활동을 결정하는데 영향을 준다(Pilling-Cormick, 1997).

성찰은 자기효능감 또는 자기 확신을 지지함으로써 관리자의 능력이나 사회적 압력에 대해 비판적으로 대응하고 피드백을 요청하는 행동으로 작용한다(van Woerkom, Nijhof, & Nieuwenhuis(2002). 학습의 깊이는 다양한 관점을 수용하는 열린 마음으로서 작용하며, 진리를 추구하는 책임감, 자신과 타인에 대해 비판적으로 평가하므로써 변화를 추구하도록 기능한다 (Densten & Gray, 2001).

학습과정의 형태는 학습자의 개인적 동기부여, 문제해결을 위한 노력의 양, 개인적 성과의 목표에 따라 다르다(Pee et al., 2000; van Woerkom, Nijhof, & Nieuwenhuis, 2002). Biggs(1987)는 학습자는 언제 어떤 조건에서 학습이 이뤄지느냐에 따라 심회학습이나 표피적 학습으로 달라진다. 특히, 목표에 도달하도록 요구받는 과제에 대해서 표피적 학습을 하는 학생들은 과제와 상관없는 관점이나 행동을 하고 다른 학습자에 의존하는 경향이 있고, 기초단계와 연관된 기억에 의존하는 경향이 있다. 반대로 심화학습에 도달하는 학생들은 과제자체에 흥미를 갖고 과제를 해결하는 것을 즐긴다. 과제의 의미를 탐구하고 학습경험을 자기자신과 실제 세계에 적용하여 의미를 찾는다.

비즈니스 과정과 연결하여 보면, "심리적 장애"는 학습자의 배우려는 동기(헌신), 변화의지(변화), 배우는 능력(조절)과 상관이 있다(Cole, Feild, & Harris, 2004). 특히, 건강한 사람은 경험을 개인적 선택과 학습의 중요한 자극으로서 받아들인다. 애미모호한 상황에서 개인적으로 헌신하고 의사결정과 목표설정과 마찬가지로 의미를 찾는데 통제력을 발휘하고 헌신한다(:66).

특히, 성찰은 일반적인 삶에서 안정보다는 변화를 선택하고, 안전에 대한 두려움 보다는 성장을 더 흥미롭게 받아들이는 것을 나타났다(Kobasa & Puccetti, 1983:169).

고차원의 성찰이 이루어지기 위해서는 학습자가 개인적 의심, 불확신과 내적 또는 외적인 불일치에 대한 자각을 표현할 수 있도록 허용되는 환경이 제공되어야 한다(Boud, Keogh, & Walker, 1985). 퍼실리테이터 강사는 "전환적"학습과 내적 변화에 가장 중요한 요소 중 하나임에 분명하다(Minzberg & Gosling, 2002; Hay, Peltier, & Drago, 2004; Talyer, 2000).

퍼실리테이터의 비판적 성찰과 자기개발

의심할 여지 없이, 강사와 학습자의 상호작용은 고차원의 성찰학습의 도입, 발전, 성숙을 위한 핵심요소이다. 게다가, 학습자와 학습자의 상호작용은 어떤 다른 학습활동보다 중요하게 작용한다(Peltier, Drago, & Schibrowsky, 2003; Hay, Hodgkinson, et al., 2004). 또한 다른 사람과 사고와 감정을 공유하는 것은 성찰의 선행조건의 바탕이 된다(Dempsey, Helton, & Murphy). 특히, 이해단계에서 성찰단계로 전개되는 과정에서 개인적 의미의 개념이 학습자간 공유되고 촉진되는 대화의 기능을 통해서 전환적 변화를 가져온다(Dempsey, Helton, & Murphy).

학습자 사이의 상호작용은 학습한 것을 실제 생활에 적용하는 것을 촉진한다(Gray, 2001).

종합적으로 학습자와 학습자의 상호작용은 높은 수준의 학습과정과 전환을 향한 성찰에 기여하고(van Woerkom, 2004), 결과를 생산해내고(Biggs, Kember, & Leung, 2001), 다른 사람의 반응으로부터 비교하고 분석한다(Thorpe, 2001). 궁극적으로 학문적이고 조직적 학습 환경에서 성찰을 이끌어내기 위해서는 학습 참가자들은 지지와 촉진, 아이디어와 감정의 공유, 다른 사람의 시각을 받아들이므로써 성찰과 경험을 공유할 필요가 있다(Hodgkinson & Brown, 2003).

결과적으로, 학습자와 강사의 상호작용, 학습자와 학습자간의 상호작용은 학습경험을 강화하고 학습의 사회적 상호작용을 지지한다(Dempsey, Halton, & Murphy, 2001; Hay, Hodgkinson & Brown, 2003; Peltier, Drago, & Schibrowsky, 2003; Thorpe, 2001). 특히, 강사와 학습자의 상호작용은 학습경험을 향상시키기 위해 효과적인 질문과 논의를 하고 학습내용에 대한 의심과 불일치를 허용하고 그들의 관점에서 발언하는 것을 허용하는 환경을 조성하는 것을 포함한다. 사고의 복잡성과 다양성을 촉진하는 학습

환경을 조성하는 것은 선행연구에서도 지속적으로 논의되어 왔던 중요한 요소이다(Dehler, Welsh, & Lewis, 2001).

전환학습의 측정

　고등교육에서 성인 학습자들의 전환학습경험과 전환학습을 촉
진하는 요인을 측정하기 위해 전환학습 연구자들과 함께 'Learning
Activities Survey(LAS)'를 개발하였다. 이 도구는 성찰적 사고와 비판
적 사고와 개인의 의식의 발달과 관련된 전환학습을 촉진하는 활동과
방법에 관한 Mezirow(1978, 1990), Cranton(1994), Brookfield(1986, 1987,
1995)의 연구결과를 근거로 하고 있다(Yeboah, 2012). King(1997)은 전환
학습을 촉진하는 요인과 학습자의 전환학습 경험을 측정하기 위해 고
등교육에 참여한 성인 학습자 422명을 대상으로 선행연구와 pilot테
스트, 타당화 과정을 거쳐 'Learning Activities Survey(LAS)'를 개발하
였다. LAS는 객관식 질문과 주관식 질문으로 구성되어 있어서 전환학
습경험을 측정하는 양적 연구뿐만 아니라, 학습자의 개별적 경험을 확
보할 수 있는 질적 연구도 가능한 도구이다(King 1997, 1998). 교사 교육
과 전문성 개발에 공학적 측면을 적용한 Adult Basic Education(ABE),
온라인 조사를 위한 'Learning Activities Survey-Technology Form'의
후속 버젼을 개발하여 대상과 조사방법의 다양화를 통해 전환학습의
양적연구를 가속화하였다. 이후 King은 LAS를 지속적으로 활용 발전
시켜서 처음 개발한 1997년이래 2009년까지 LAS를 활용한 많은 연
구를 발표해 전환학습의 양적 측정에 많은 기여를 하였다.
　LAS는 모두 네 부분으로 구성되어 있다. 첫 번째 부분은 전환학습

의 단계와 경험에 대한 부분으로서 Mezirow의 전환학습단계를 학습자가 경험했는지를 체크하는 부분이다. 두 번째 부분은 어떤 학습경험이 전환학습에 영향을 주었는지를 체크하는 부분이다. 학습경험에는 학습활동(activities)과 학습지원자(person)로 구분하여 각각의 영향요인들을 체크한다. 세 번째 부분은 어떤 학습활동에 참여했는지를 밝히는 부분이다. 자신이 경험한 학습활동을 학습자가 체크하도록 되어 있다. 네 번째 파트는 전환학습에 영향을 줄 수 있는 삶의 변화와 인구통계학적 질문으로 구성되어 있다.

학습자의 전환학습을 측정하기 위한 LAS의 도구로서 특장점은 양적연구와 질적연구의 병행적 연구가 가능하다는 점이다. 각 파트에는 전환학습의 경험에 관하여 학습자가 자유롭게 응답할 수 있는 개방형 질문이 주관식으로 한 개씩 추가되어 있다. 이 개방형 질문은 학습자의 전환적 경험을 더 자세하고 깊이 있게 이해하는데 도움을 주어 객관식 답변의 신뢰도를 높이는데 효과적이다. 예를 들어 학습자는 첫 번째 부분에서 전환학습 10단계의 경험을 객관식으로 묻는 질문에 체크한 후, '이번 교육과정 동안 이전에 가졌던 가치와 신념, 의견 기대가 변화하는 것을 경험했다면, 어떤 변화가 있는 지 간단히 써주시기 바랍니다'와 같은 개방형 질문에 전환적 경험을 중심으로 응답하게 된다. 이러한 개방형 질문은 첫 번째 폐쇄형 질문에 대한 결과를 학습자가 다시 판단하여 응답의 타당도를 향상시키고, 응답의 완벽함을 보장하고, 응답자의 전환적 경험에 초점을 맞추는 목적이 있다(King, 1998, 2005, 2009).

LAS의 두 번째 특장점으로는 각 네가지 파트와 학습자의 전환적 경험에 대한 답변을 기준으로 하여 연구자의 연구목적에 맞춰서 전환학습 강도를 측정하는 PT-Index를 갖추고 있다는 점이다. 학습자의 각 부분에 대한 응답이 교육과정과 관련하여 전환적 관점을 경험했으면 3점을 주고, 교육과정의 영향없이 전환적 관점이 측정되면 2점, 전환적 관점이 없으면 1점을 준다(King, 2009:37). 이 PT-Index를 기준으로 다른 독립변수와 함께 전환학습을 종속변수로 하여 양적 측정이 가능하도록 설계되어 있다.

LAS의 세 번째 도구로서 특장점은 추후인터뷰가 가능하도록 인터뷰 질문을 갖추고 있다는 점이다. 질문지 조사를 마친 후 같은 내용의 질문을 학습자에게 인터뷰하므로써 질문지 조사의 신뢰도와 타당도를 높힐 수 있다(King, 2009). 전환적 경험과 학습활동의 좀더 자세한 정보를 얻기 위한 인터뷰를 포함한 질적 방법은 삶을 변화시키는 경험에 대한 자료를 수집하고 분석하는데 매우 강력한 도움을 준다(Onwuegbuzie & Teddlie, 2003; Tashllori & Teddlie, 1998). King(1998)은 고등교육에 참여한 성인 학습자 155명 중 10명 정도를 인터뷰하였다. 이 인터뷰를 참고하여 경험을 코드화하고 최종 데이터와 통합하여 사용하기도 하였다.

성인 학습자의 전환적 관점변화를 측정하기 위해 LAS를 이용한 주요연구는 다음과 같다.

■ Las(Learning Activities Survey) 사용 전환학습관련 연구들

저 자	연도	주제	개요	유형
Anderson, A. R.	2009	서번트리더십의 발달정도	성인속성과정	박사논문

Arslanian, R., Jr.	2011	조직심리전공자의 전환학습 요인 규명연구	조직심리전공자	박사논문
Booker, B. B.	2012	여성히스패닉 학생의 ESL과정 수용정도	ESL 쓰기과정	박사논문
Brock, S. E.	2007	전환학습 경험 보고	비즈니스과정 졸업	박사논문
Brock, S. E.	2010	전환학습의 중요단계 측정	비즈니스 과정생	아티클
Caruana, V. G.	2011	전환적 과점의 수용 정도	초등예비교사의 중등교육준비과정	박사논문
Cerda, M. G.	2012	교사의 K-12교육제도의 전환과 파트너십	중등과학교사	박사논문
Duncan Grand, D.	2011	학습자의 다양성과 교사의 신념: 전환학습의 영향	예비교사와 교사의 신념과 딜레마	박사논문
Ellis, E. E.	2012	전환학습과 비전통적 학습자	평생교육학습자	박사논문
Glisczinski, D. J.	2005	전환적 교사교육	교사교육학습자	박사논문
Glisczinski, D. J.	2007	전환적 고등교육	교사교육학습자	아티클
Harrison, A. E.	2008	전환학습의 효과	문해과정 여성참가자	박사논문
Hodge, S	2010	직업교육의 양면과 전환	직업교육교사	아티클
Hodge, S	2011	관리자교육: 전환적 성과	역량기반 관리자 교육참가자	아티클

Johnson, S., & Nelson, B.	2010	외국어교육과정의 관점전환	스페인어 과정 여성참가자	아티클
Yeboah, A. K.	2012	전환학습 촉진 요인	국제학교 졸업생	박사논문
LaCaVa, D. S.	2002	전환적 관점	인터넷 ESL학습자	박사논문
Serumola, P. A.	2009	전환적 관점: 성인교육성과	고등교육교사연수	박사논문

LAS는 해외에서 전환학습의 연구방법으로 많이 사용되었으나 아직 국내에서 사용된 적이 없어서 LAS(1997)버젼을 번안하여 사용하고자 한다. King의 LAS(1997)버젼은 교육과정에 참여한 학습자가 여러 교육활동과 교육과정에서 영향을 주고 받은 사람들의 관계가 학습자의 전환학습 경험과 유무에 영향을 미치는 지를 측정할 수 있기 때문에 이 연구의 목적에 가장 부합한다고 판단된다. 특정국가에서 개발된 평가도구를 다른 나라에 적용할 때 다른 문화권의 연구자들은 언어적 차이와 문화적 차이를 둘 다 고려해야 한다(Su & Parham, 2002). 일반적으로 평가도구를 번역할 때는 기술적 동등성인 문법과 구문에 관한 차이가 없어야 하고, 개념적 동등성인 원문과 번역된 평가도구간의 개념적인 차이가 없어야 한다(유생열, 2002). 이를 위해 서로 다른 문화의 평가도구를 사용할 때 추천되는 방법이 역번역방법(back-translation method)이다(Warner & Cambell, 1970; Brislin, 1970). 역번역방법은 원본에 친숙하지 않은 번역가가 번역된 내용을 다시 원래의 언어로 번역하는 과정을 통해 원본과 역번역본의 차이를 비교하여 번역이 잘못된 부분을 찾는 방법이다. 이 과정을 통해 단어나 구절의 생략, 추가와 의미 전달을 위해 다른 단어로 대체해야 할 단어를 알아낼 수 있다(Brislin,

1986).

Bullinger 등(1998)은 다른 문화권에 평가도구를 사용하기 위해서 8단계의 과정을 제안하였으나, 본 연구의 측정도구인 LAS(King, 1997)는 문항의 수가 20문항 정도로 적고, 비교적 단문으로 이뤄진 단순한 표현으로 구성되어 있어서 Vallerand(1989)의 5단계 역번역법을 사용하였다. 역번역법은 영어와 한국어를 동시에 구사하면서 해당 주제 영역에 전문성을 가진 4명의 번역가가 필요하다. 1단계는 2명의 번역가가 영어원문을 한국어로 번역하며, 이 단계의 번역은 의미상의 번역을 한다. 두 사람의 번역이 필요한 이유는 한사람의 편견이 걸러지고 두 번역문의 객관성을 확보하기 위함이다. 2단계는 1단계의 번역결과를 서로 교환하여 차이에 대한 합의를 한다. 3단계는 2단계의 결과물을 영어원문을 모르는 제 3, 4의 번역가에게 의뢰하여 다시 영어로 번역한다. 4단계는 3단계의 결과물을 서로 교환하여 차이에 대해 합의하고 마지막 5단계는 3~5명의 자문단이 영어와 조사도구 원문이 일치하는지 평가하며 문화와 상황적 맥락을 고려하여 최종 번안 조사도구를 완성한다.

■ 역번역을 위한 번역가 선정

번역단계	번역가	실무경력	전공
도구 원문 한국어 번역	번역가 A	성인교육 10년 이상	기업교육박사과정
도구 원문 한국어 번역	번역가 B	미국거주 10년 이상 성인교육경력 10년이상	관련전공 박사

퍼실리테이터의 비판적 성찰과 자기개발

번역본 영어 역번역	번역가 C	외국계 기업 인사실무 10년 이상	관련전공박사과정
번역본 영어 역번역	번역가 D	외국계 기업 인사실무 10년 이상	기업교육박사과정

국내 전환학습연구가 양적 연구가 부족하고 대다수 질적 연구로 이루어 지고 있는 상황에서 해외에서 전환학습의 양적 연구에 기여가 큰 King(1979)의 LAS를 국내에 도입하는 절차적 객관성이 필요하다는 판단에서 역번역법을 실시하였다. 1차 측정도구 원문을 번역가 A, B 가 번역하여 연구자가 연구목적과 연구대상의 특성을 고려하여 두 번역가의 결과물을 검토하고 차이점을 보완하였다. 확정된 번역문을 다시 번역가 C와 D에게 보내서 역번역을 실시하였다. 이후 역번역문 결과물을 LAS(1997)영문 원본과 비교하여 한글번역문의 번역을 보완하였다. 타 문화권의 조사도구를 번역하는 경우 역번역과정을 거쳐 타당도와 신뢰도를 규명하는 과정을 거쳐야 하기 때문에 (Vallerand, 1989) 90명을 대상으로 예비조사를 하여 타당도와 신뢰도를 측정하였다.

■ **전환학습 측정도구**(LAS:Learning Activities Survey)

구분	문항
전환 학습 단계	이번 교육을 통해 내 평상시 행동방식에 대해 다시 생각하게 되었다.
	이번 교육을 통해 내 사회적 역할에 대한 나의 생각에 대해 다시 생각하게 되었다.

전환 학습 단계	내가 이전에 갖고 있던 신념이나 역할에 대한 기대감에 대한 생각이 바뀌었다는 것을 깨달았다.
	혹은 내가 이전에 갖고 있던 신념이나 역할에 대한 기대감에 대한 생각이 바뀌지 않았다.
	다른 사람들 또한 그들의 신념을 반성하는 것을 발견했다.
	나의 이전의 신념이나 역할과는 다른 방식으로 행동하는 것에 대해 생각하게 되었다.
	전통적인 사회적 기대를 불편하게 느끼게 되었다.
	새로운 역할을 시도함으로써 좀 더 편안해지고 자신감을 갖게 되었다.
	이 새로운 행동방식에 적응하기 위한 방법을 고민한 적이 있다.
	이 새로운 행동방식에 적응하기 위해 필요한 정보들을 수집한 적이 있다.
	내 새로운 행동에 대한 다른 사람의 반응이나 피드백에 대해 생각하기 시작했다.
	나는 새로운 행동방식에 적응했다.
	위의 진술 중 어느 것에도 해당되지 않는다.
전환 학습 여부	이번 교육과정 동안 이전에 가졌던 가치와 신념, 의견, 기대가 변화는 것을 경험했다.
	어떤 변화가 있었는지 간단히 써주시기 바랍니다.(주관식)
영향 요인	이번 교육과정에서 나에게 변화를 준 사람
	이번 교육과정에서 나에게 영향을 준 활동
	교육과정 이전 혹은 과정 중에 변화에 영향을 준 삶의 변화
변화	교육을 받은 것이 생각과 관점의 변화에 어떤 영향을 주었는가. (주관식)

퍼실리테이터의 비판적 성찰과 자기개발

이 연구에서는 성찰 학습 수준을 전환학습을 매개하는 변수로 측정을 하기 때문에 전환학습의 결과를 전환학습의 행동수준에서 측정하고자 한다. 전환학습의 구체적 행동수준을 측정하기 위해서 전환학습단계에 대한 답변과 전환학습여부를 측정하는 답변을 기준으로 측정한다. 전환이 이루어졌는지를 판단하기 위해서 전환학습단계를 기준으로 할 수 있지만, 전환학습단계는 비판적 성찰도 함께 묻고 있기 때문에 매개변수인 성찰 학습 수준과 중첩된다. 따라서 전환학습단계에서 의미관점의 변화가 일어나서 행동으로 나타나는 기준으로 측정을 하고자 한다. 행동수준이란 관찰할 수 있는 수준의 변화를 명확하게 체계화할 수 있도록 학습전이에서 사용하는 행동적 용어(behavioral terms)를 의미한다(박영용, 김진모, 2006). 전환학습의 결과를 행동수준에서 측정하기 위해 King(1997)이 도입한 PT-Index를 사용한다. King(1997)은 전환학습단계와 전환학습여부를 묻는 질문을 근거로 학습자가 교육과 관련하여 경험에 대한 전환적 관점을 가졌으면 3점, 교육과 상관없는 전환적 관점을 가지면 2점, 경험에 대한 전환적 관점이 없으면 1점 주어 전환학습의 양적 측정을 하였다.

PT-Index는 전환적 관점을 가진 성인 학습자와 그렇지 않은 학습자를 비교할 수 있는 바탕이 되며, 연구자의 연구목적에 따라 전환학습의 측정기준으로 적용한다(King, 2009a).

5부

**퍼실리테이터의 성찰과
자기 개발**

1. 퍼실리테이터의 자기 성찰

현대 사회는 당면한 문제 상황에 기존의 사고방식과 경험을 그대로 적용하는 것이 아니라 가정을 깨트리고 새로운 관점으로 바라볼 수 있는 비판적 성찰을 요구한다. 개인과 조직의 학습연결자인 퍼실리테이터는 자신의 성찰 능력을 향상하게 시켜야 할 전문가적 책무와 학습대상자의 성찰을 촉진해야할 과제를 동시에 안고 있다.

이 연구는 퍼실리테이터의 성찰 수준에 대한 관심을 높이고 비판과 성찰적 학습풍토를 조성하여 개인과 조직안에서 비판적 성찰 업무 행동이 더욱 활발하게 일어날 수 있는 환경을 탐색하고자 착수되었다. 퍼실리테이터를 강사, 교사, 교수자, 코치, 컨설턴트, 촉진자, 지원자, 조직의 리더를 포함한 광의의 퍼실리테이터로 정의하고, 퍼실리테이터의 성찰 학습 수준이 긍정심리자본을 매개로 하여 비판적 성찰 업무 행동에 어떤 영향을 미치는가를 통찰하였다.

성찰의 가장 높은 수준인 비판적 성찰은 조직 내에서 개인의 업무와 그 수행의 최적화를 이루는 데 도움을 주고, 조직 전체의 성과에도 긍정적인 영향을 준다(Van Woerkom, 2004). 성찰이 주는 이점이 많음에도 지금까지 성찰은 보이지 않는 인지적 프로세스로 간주되어 그 활용에 관한 연구가 활발하지 못하였다. 퍼실리테이터의 성찰 수준이 높을 경우와 낮을 때에 따라서 긍정심리자본의 매개역할과 결과행동인 비판적 성찰 업무 행동도 다를 것이라는 가정에서 이 연구는 출발했다. 연구를 통해서 얻은 결과에 대한 논의를 세 가지로 정리하면 다음과 같다.

첫째, 이연주(2015)의 연구에 의하면 퍼실리테이터의 성찰 학습 수준이 높을수록 퍼실리테이터의 긍정심리자본에 긍정적인 영향을 준다. 무성찰과 비판적 성찰일 때 각각 그 방향은 다르게 나타났다. 무 성찰에서는 긍정심리자본에 오히려 부정적 영향을 주었고, 비판적 성찰에서는 긍정심리자본에 긍정적 영향을 나타내었다. 기존 연구에서 성찰 학습 수준은 특히 긍정심리자본의 구성요소 중 하나인 자기효능감을 관련 변인으로 한 연구가 많았다. 성찰유형에 따라서 자기효능감에 긍정적 영향을 주었고(유병민 외, 2013), SNS를 이용한 협동학습의 성찰활동도 자기효능감에 효과적이었다(김은영 외, 2011). 성찰일지 작성과 자기효능감의 관계를 보고한 연구와도 같은 결과를 나타내었다(석은조, 2005; Dunlap, 2006; Hekimoglu & Kittrell, 2010).

무 성찰의 경우 긍정심리자본에 부정적 영향을 주는 것으로 나타났다. 퍼실리테이터가 무 성찰인 경우 긍정심리자본이 있다 하더라도 결과 행동에 부정적인 영향을 준다는 것을 확인하였다. 이처럼 긍정심리자본이 선행요인의 부정적 상태에 의해 영향을 받아 결과 행동을 악화시키는 결과를 Edmonson(2000)의 연구에서 확인할 수 있다. Edmonson(2000)은 팀의 심리적 안정감과 일터에서의 의견공유, 피드백요청, 발언행동 등의 관계에서 팀원이 심리적 안정감이 있더라도 선행요인인 리더에 대한 신념이 부정적이면 결과행동에 자기방어적인 부정적인 영향을 준다고 보고하였다.

퍼실리테이터의 비판적 성찰과 자기개발

상황과 문제에 대한 자아의 능동적인 참여나 개입이 없이 기존의 한계에 순응하는 무 성찰 수준이 긍정심리자본에 부정적 영향을 미치는 것은 자연스러운 결과로 보인다. 퍼실리테이터가 습관적 행위와 이해와 같이 성찰 없는 반복적이고 일상적인 일터행동을 지속하여 무 성찰에 머무를 때 심리적 자원인 긍정심리자본의 효용성도 낮아진다는 것을 예측할 수 있다.

둘째, 성찰 학습 수준이 높은 퍼실리테이터는 일터에서 비판적 성찰 업무 행동도 높게 나타난다. 무 성찰에서는 비판적 성찰 업무 행동에 부적(-) 영향을 보여 주었고, 비판적 성찰에서는 정적(+) 영향을 나타내었다. 이는 성찰 학습 수준이 높을수록 비판적 성찰 업무 행동의 효과에 긍정적인 영향을 주는 것을 의미한다.

임상간호사의 성찰 수준이 높을수록 팀 학습 분위기와 학습조직 구축에 긍정적인 영향을 준다는 결과(김희영, 장금성, 2013), 사회복지사의 성찰 수준이 높을수록 사회복지실천행동에도 정적인 유의한 영향을 준 결과와도 일치한다(유영준, 2009). 성찰 수준이 위계를 가지고 결과행동에 미치는 영향력이 서로 다르다는 것을 알 수 있다. 이러한 결과는 Peltier 외(2005, 2006)의 성찰 학습 수준이 학업성취수준에 주는 영향과 같은 결과를 보인다.

성찰 수준은 결과행동에 긍정적인 영향을 미친다는 연구를 다양하게 찾아 볼 수 있다. 비판적 성찰탐구 훈련이 신입간호사의 임상의사 결정과 의료행동에 긍정적인 영향을 주었고(권인각, 박승미, 2007; Parget, 2000), 유아교사가 반성적 사고 경험을 한 결과 교수행동이 향상 되었다(권정숙, 2002; 한수란, 황해익, 2007). 특히 초보 교사 훈련에서 성찰 수준을 향상할수록 결과 행동인 수업에서 발문과 피드백, 교수방법에 영향을 주었고 수업 전개 행동 등의 역량이 증가하는 것으로 나타났다(김영순, 2010; 김현정, 2013; 최지훈, 이인경, 2010; Nolan & Sim, 2011; Oakley, Pegrum, & Johnston, 2014; Parsons & Stephenson, 2005; Pultorak & Barnes, 2014). 이와 같이 비판적 성찰은 결과행동에 긍정적인 영향을 준다는 것을 알 수 있다.

무 성찰의 경우는 비판적 성찰 업무 행동에 부정적 영향을 주는 것으로 나타났다. 이 결과로 판단할 때 무 성찰은 비판적 성찰 업무 행동을 억제하는 것을 알 수 있다. 이는 습관적 행위 및 이해처럼 오랫동안 익숙하게 해왔던 성찰 없이 이루어진 행동은 비판적 성찰 업무 행동을 저해하는 것으로 해석할 수 있다. Van Woerkom 외(2002)는 경험의 중심성이 비판적 성찰 업무 행동에 부적(-)영향을 미친다고 보고하였다. 한 분야에서 경험이 지속될수록 다양한 경험을 하는 경향은 줄어들고, 익숙하고 짜여진 습관적인 행위와 암기 정도의 사고 수준에서 정해진 경험을 되풀이하는 것을 의미한다. 무 성찰은 새로운 경험과 자극에 대해 자동적인 반응을 보이거나 성찰 없이 일상적인 행동을 반복함으로써 비판적 성찰 업무 행동에 부정적 영향을 미치는 것을 알 수 있었다. 이 연구 결과는 비판적 성찰 업무 행동에 부정적 영향을 미치는 요인으로 Van Woerkom 외(2002)가 보고한 경험의 중심성 외에 무 성찰을 추가로 증명하였다.

퍼실리테이터가 프로그램, 주제, 관계 등을 포함한 학습 환경에 익숙하고 오래될수록 비판적 성찰 업무 행동은 줄어들 것으로 예측할 수 있다. 이러한 결과는 퍼실리테이터가 학습자와 동료에게 자신의 수행에 대한 피드백을 요청하거나 비판적 의견을 공유하는 행동 등에도 부정적인 영향을 주는 것을 예측 할 수 있다. 퍼실리테이션의 내용에서도 새로운 시도와 실험적 행동 등에도 소극적이거나 감소하는 것으로 판단할 수 있다. 결과적으로 퍼실리테이터의 무 성찰은 퍼실리테이터 자신과 함께 학습자의 학습에도 악영향을 미친다는 것을 확인하였다.

퍼실리테이터의 비판적 성찰과 자기개발

셋째, 퍼실리테이터의 성찰 학습 수준과 비판적 성찰 업무 행동 사이에서 긍정심리자본의 매개효과를 확인하였다. 긍정심리자본은 퍼실리테이터의 성찰 학습 수준과 비판적 성찰 업무 행동과의 사이에서 매개역할을 하였다. 무 성찰과 비판적 성찰 모두에서 유의미한 매개효과를 나타내었다. 비판적 성찰에서는 긍정심리자본에 정적(+) 매개효과를 나타내었다.

자기효능감 외에 긍정심리자본의 구성요소인 희망, 긍정성, 탄력성을 선행연구의 결과들과 비교해보면, 최지원과 정진철(2011)의 연구에서는 변화준비성이 비판적 성찰 업무 행동에 긍정적 영향을 주는 것으로 나타났다. 변화준비성은 긍정심리자본의 희망과 긍정성을 포함한 의미를 갖고 있으므로 긍정심리자본과 비판적 성찰 업무 행동의 관계와 유사하다. 교사들의 탄력성 수준과 성찰적 실천행동의 관계를 살펴본 결과, 높은 탄력성을 가진 교사들이 성찰적 실천행동을 보고한 Leroux와 Théorêt(2014)의 결과와도 유추해 볼 수 있다.

팀 학습행동이 비판적 성찰 업무 행동과 유사한 개념을 포함한다는 점에서 팀 학습행동관련 연구와 이 연구결과를 비교하는 것도 의미가 있다. 팀 학습에서 팀의 심리적 안정감은 팀의 학습행동에 긍정적 영향을 주었다는 선행연구결과를 뒷받침한다(Edmonson, 2002; Nembhard & Edmonson, 2000). 팀 학습행동은 비판적 성찰 업무 행동의 피드백 요청, 실수관용, 실험적 시도행동과 같은 내용을 포함한다. 이 연구 결과 긍정심리자본이 비판적 성찰 업무 행동에 긍정적인 영향을 주었다는 점과 유사한 결과이다. 이상과 같이 본 연구의 결과는 선행연구의 결과를 뒷받침한다. 그러나 선행연구들이 긍정심리자본의 구성요인을 하나씩 개별적으로 측정한 것과 달리 이 연구결과는 긍정심리자본이 하나의 단일 개념으로써 비판적 성찰 업무 행동에 영향을 준다는 것을 증명한 점에서 구분된다.

무 성찰과 비판적 성찰 업무 행동 사이에서는 긍정심리자본이 부적(-) 매개효과를 주었다. 유사한 연구 결과로는 팀 학습에서 팀의 심리적 안정 감이 낮을수록 팀의 학습행동에 부정적 영향을 주었다(Edmonson, 2002)는 결과를 비교해볼 만하다. 퍼실리테이터가 무 성찰일 경우 긍정심리자본 에 부정적 영향을 미치고 그 결과 비판적 성찰 업무 행동을 저해하는 결 과로 나타났다. 이것은 두 가지의 의미를 가진다. 하나는 긍정심리자본이 어떤 예측요인을 매개하느냐에 따라서 긍정적 영향을 주거나 부정적 영 향을 줄 수 있는 가치중립적 요인이라는 것을 예측할 수 있다. 다른 하나 는 퍼실리테이터가 무 성찰에 있을 경우 긍정심리자본은 비판적 성찰 업 무 행동에 부정적 영향을 더 증폭시킨다.

관료적 성격이 강한 대학에서 혁신문화의 자율성은 긍정심리자본의 구성요인인 자기효능감에 부적(-)영향을 주었다(김주섭, 박재춘, 2013). 직무 과부하가 긍정심리자본의 저하를 통해 직무탈진에 영향을 준 결과와도 비슷한 사례로 볼 수 있다(김형주, 유태용, 2013). 직무스트레스가 긍정심리 자본에 부적(-)영향을 준 연구(Liu, Chang, Fu, Wang, & Wang, 2012), 일상의 스 트레스와 감기와 같은 신체증상의 관계에서 긍정심리자원의 매개효과연 구(DeLongis, Folkman, & Lazarus, 1988) 등을 예로 들 수 있다.

성찰은 자기효능감을 포함한 긍정심리자본과 같은 개인의 강점과 긍 정적 정서를 형성하는데 기여한다(Korthagen, 2005). 지식이전과 관련된 선 행연구는 지식전수자의 심리적 특성 중 긍정적 감정이 높을수록 학습자 의 지식 이전에 긍정적 영향을 갖는 것을 보고하였다(김근우, 이현정, 2005). 이러한 결과는 지식전수자의 긍정심리자본이 학습자의 학습성과에 영 향을 미친다는 것을 뒷받침한다. 이 연구결과와 함께 분석해보면 퍼실리 테이터가 무 성찰에 머무는 경우 퍼실리테이터의 긍정심리자본에 부정적 영향을 미치고, 그 결과 퍼실리테이터의 부정적인 심리자본은 학습자에게 쉽게 전이되어 학습자의 지식 전이에도 악영향을 준다는 것을 알 수 있다.

2. 성찰의 이론적 시사점

이 연구는 퍼실리테이터의 성찰 학습 수준과 비판적 성찰 업무 행동을 밝히고, 그 사이의 관계에서 긍정심리자본과의 상호작용을 통찰하고자 하였다.

첫째, 지금까지 성찰에 관한 연구는 성찰활동, 성찰일지, 성찰유형 등을 예측변인으로 하여 자기효능감이나 학업성취도를 연구한 것이 대부분이었다(김은영 외, 2011; 석은조, 정금자, 2006; 유병민 외, 2013; 한수란, 황해익, 2007). 또한 성찰 학습 수준에 따른 연구도 학습경험(장선영 외, 2010; Peltier et al., 2006), 간호역량군집 유형(김희영, 장금성, 2013), 학업성취와 인지적 실재감(조성문, 2012) 등이 다루어져 왔다.

기업조직맥락에서는 HRD 담당자를 대상으로 한 성찰 학습 수준과 비판적 성찰 업무 행동의 관계(정미영, 2012)를 살펴본 연구, 대기업 사무직 근로자의 비판적 성찰 업무 행동과 의사결정참여, 리더-부하직원 교환관계, 자기효능감, 변화 준비성의 인과관계 연구(최지원, 정진철, 2012)가 있었다. 공무원과 공공기관 직원을 대상으로 비판적 성찰 업무 행동이 팀 학습 행동과 집단창의성 사이의 매개효과를 보는 연구(김태길, 2014)가 있었다.

특히 성찰 수준과 자기효능감의 관계 연구가 주를 이루었던 것과 비교

퍼실리테이터의 비판적 성찰과 자기개발

할 때 성찰 학습 수준과 긍정심리자본을 전체 변인으로 측정한 연구라는 점은 기존 연구와 차별성이 있다. 이 연구는 성찰 학습 수준의 관련 변인에 긍정심리자본을 함께 고려해야 한다는 것을 밝히고자 한다.

둘째, 성찰 학습 수준에 무 성찰과 비판적 성찰을 구분할 필요가 있다. 지금까지는 '성찰'이라는 개념에 통합되어 연구대상에서 간과되어왔던 무 성찰 수준을 고려해야 한다. 기존의 연구는 성찰 수준이 높을수록 그 준거변인에 미치는 영향에 중심을 두어 이루어져 왔다. 성찰 수준이 높으면 준거변인에 미치는 영향이 유의미하고(김희영, 장금성, 2013; 정미영, 2012; 유영준, 2009; 조성문, 2012), 성찰 수준이 낮으면 영향이 없는 것이 아니라, 무 성찰의 경우 부정적 영향을 미친다는 점이 간과됐다. 그러나 성찰을 무 성찰과 비판적 성찰로 구분하여 무 성찰의 부정적 영향력과 폐해를 제시하였다.

셋째, 긍정심리자본이 매개변인으로서 갖는 특성을 증명하고 관련 변인을 확장하였다는 것을 시사할 수 있다. 긍정심리자본은 선행요인의 특성에 따라 가치중립적인 요인이라는 것을 증명하였다. 연구결과 긍정심리자본은 성찰 학습 수준이 무 성찰·비판적 성찰의 두 가지 경우 모두와 비판적 성찰 업무 행동의 매개변인으로서 유의미하였다. 특히, 퍼실리테이터가 무 성찰일 경우 긍정심리자본은 무 성찰의 영향을 받아서 준거변인인 비판적 성찰 업무 행동의 효과를 감소시켰다. 비판적 성찰에서는 정적 매개효과를 나타내어서 결과변인의 효과를 증가시켰다. 즉 선행요인인 성찰 학습 수준에 따라서 긍정심리자본은 가치중립적인 자원으로서 도움을 줄 수도 있고 오히려 폐해를 주기도 한다는 것을 증명하였다. 긍정심리자본은 매개변인으로서 그 자체가 조절의 역할을 하기보다는 부정적인 선행요인을 준거변인에 전달하는 중립적인 자원이라는 것을 증명한

점이 이 연구의 의의라고 할 수 있다. 긍정심리자본이 아무리 높더라도 선행요인이 부정적이면 결과에 오히려 악영향을 미치기 때문에 긍정심리자본의 가치중립적인 특성은 주목해서 다루어야 할 지점이다.

　퍼실리테이터의 측면에서 보자면 긍정심리자본에 부정적 영향을 미치는 무 성찰의 결과는 퍼실리테이터 자신의 긍정심리자본의 효용성을 감소시킨다는 것을 예측할 수 있다. 긍정심리자본은 그 특성이 증가하고 감소할 수 있는 자원이기도 하지만 정서 상태를 포함하고 있다. 정서는 지식, 태도와 비교할 때 더 쉽게 타인에게 전이될 수 있는 특징을 지닌다. 지식전수자의 심리적 특성이 지식 전이에 영향을 미친다는 연구 결과에 근거하여(김근우, 이현정, 2005), 퍼실리테이터가 무 성찰상태일 경우 긍정심리자본의 효용성을 감소시킬 뿐 아니라 (학습)대상자에게도 부정적 영향을 미친다는 것을 예측할 수 있다.

3. 개발을 위한 실무적 시사점

첫째, 비판적 성찰 퍼실리테이터의 교육과정에 성찰 수준향상 방안을 마련해야 할 근거를 제시한다. 퍼실리테이터의 수요와 활동범위가 급속히 늘어나는 국내 상황에 비해서 퍼실리테이터 교육의 수준은 도구상자 사용법을 알려주는 기술적 퍼실리테이터 양성에 머물러 있다. 성찰의 지평을 확대하여 비판적으로 성찰하는 퍼실리테이터로 발전할 수 있는 교육과정 개발의 필요성을 제시하였다. 가깝고 쉬운 단계에서 멀고 이상적인 단계로 계획한다면, 퍼실리테이터의 학습현장과 일터에서 비판적 성찰 업무 행동을 활발히 실천하고 실천공동체와 지역사회로 확산할 것을 계획해 볼 수 있다.

일터에서 비판적 성찰을 효과적으로 실행할 수 있는 Brookfield(2013)와 Marsick(1991)의 힌트는 본 연구의 실무적 시사점을 현실적으로 실현하는데 도움을 준다. 첫 번째 방안은 참가자가 일상적으로 행하던 활동들에 대해 더욱 비판적으로 성찰할 수 있도록 퍼실리테이터가 비판적 성찰의 사표가 되어야 한다. 두 번째 방안으로서 퍼실리테이터는 개인적인 발달과 일의 발달을 통합하는 방향으로 과정을 운영하여야 한다. 성인들은 자신의 삶과 직접적으로 관련된 주제에 관해 관심과 흥미를 보이고 이런 요구가 충족되었을 때 학습효과가 증가한다(Knowles, Holton, & Swanson, 2011). 세 번째 방안으로 퍼실리테이터는 자신의 경험이 아닌 학습자의 경험으로부터 학습을 출발하여야 한다. 대다수 일터에서는 학습자의 경험이 아닌 전문가의 경험을 학습의 내용으로 한다. 이것은 학습자의 실제 일터행동과 거리감을 느끼고 참여를 저하한다. 네 번째 방안으로 퍼실리테이터는 학습자가 문제해결을 위한 다른 해결책을 실험해보고 지식과 통합할 수 있도록 도와야 한다. 퍼실리테이터는 학습자가 개인적 경험과 지식을 통합하여 실행을 통해서 이론을 만들도록 도와야 한다(Marsick, 1991). 경험은 학습자의 이론적 배경에 의해 구성되기 때문에 퍼실리테이터는 학습자가 이전 경험을 지식과 연결시켜 일터와 가정, 공동체 안에서 학습활동으로 통합할 수 있도록 도와야 한다. 시뮬레이션, 게임, 역할 연기와 같은 창의적 활동은 경험을 학습으로 연결시키며 또한 학습자를 비판적 성찰로 이끄는 효과적인 방법들이다(Merriam et al., 2007). 다섯 번째 방안으로는 소그룹 활동을 촉진할 필요가 있다. 비판적 성찰은 소그룹 활동에서 동료들과의 경험 나누기, 역할연기, 사례연구, 객관적 관찰자의 역할을 통해서 가장 활발해진다(Brookfield, 2013). 프로그램 진행 시 효과적인 질문, 대안적 관점 제시, 가정의 검토를 활용하여 학습자의 비판적 사고를 촉진할 수 있다(Brookfield, 2004).

둘째, 퍼실리테이터가 무 성찰일 경우의 폐해를 밝혀 퍼실리테이터 스스로 자기계발의 경각심을 가져야 할 것이다. 퍼실리테이터의 성찰은 퍼실리테이션 전 과정에 영향을 주기 때문에(Brockbank & Mcgill, 2007; Brookfield, 1995; Thomas, 2004) 학습자의 성찰과 학습결과에도 영향을 미친다(Kember et al., 1999; Kember et al., 2000; Peltier et al., 2005, 2006).

퍼실리테이터가 무 성찰일 때 퍼실리테이터의 학습과 발전도 저해하지만, 실험적 시도행동, 실수관용행동, 피드백요청행동, 집단사고도전, 비판적 의견공유, 경력인식과 같은 구성요소로 이루어진 비판적 성찰 업무 행동에도 부정적인 영향을 미쳤다. 이처럼 퍼실리테이터의 낮은 비판적 성찰 업무 행동은 학습자의 학습효과에도 부정적인 영향을 미친다. 따라서 퍼실리테이터가 무 성찰에 머물러 있는 것은 학습자의 효과적인 학습을 저해하는 직무유기라고 할 수 있을 것이다. 퍼실리테이터는 자신의 발전뿐만 아니라 학습대상자의 성찰을 위해서 끊임없이 주의를 기울이고 노력해야 한다.

셋째, 퍼실리테이터는 성찰 수준 중 최고 수준인 비판적 성찰로 발전해 가야 할 것이다. 그동안 국내 성찰에 대한 논의들에서는 '성찰'을 자기반성과 문제해결의 의미로 받아들이는 것이 일반적이었다. 남북한 분단상황의 영향으로 비판이론을 백안시하는 국내 풍토에서 근본적인 가정과 전제에 대한 성찰인 '비판적 성찰'은 공교육이나 인적자원개발 분야에서 배제되는 경향이 강하였다. 그러나 성찰 수준을 무 성찰과 비판적 성찰로 나누어서 살펴본 이 연구에 따르면, 비판적 성찰이 퍼실리테이터의 삶과 일터에 주는 이점이 크기 때문에 퍼실리테이터가 도달해야 할 목표 지점이라는 것을 시사한다.

넷째, 성찰 수준과 긍정심리자본을 향상할 증거를 제시한 점이다. 긍정심리자본은 학습과 훈련으로 개발되고 증가할 수 있는 개인의 심리적 자원이다. 동시에 성찰 수준 역시 성찰일지 작성, 성찰적 질문 활용 등의 성찰적 기회를 얻을수록 향상된다. 따라서 퍼실리테이터의 성찰 수준은 교육과 자신의 노력으로 높아질 수 있고 자신의 긍정심리자본에도 긍정적인 영향을 미쳐서 효과적인 퍼실리테이션에 기여할 수 있다.

긍정심리자본의 발달전략으로서 성공경험과 대리경험, 롤 모델링, 사회적 경험과 긍정적 피드백, 심리적·생리적 안녕과 같은 요소들이 제시되었다(Luthan et al., 2004; Luthans et al., 2007). 특히 사람들은 자신의 정서적·신체적 상태에 따라 자신의 능력을 평가하는 경우가 있다. 긍정적 심리상태에 있을 때 스트레스에 대처하는 능력이나 목표설정과 경로를 찾는데 더 효과적으로 반응한다(Luthans et al., 2004). 이와 같은 맥락에서 이 연구에서 밝혀진 바대로 개인의 성찰 수준이 긍정심리자본의 방향을 결정할 수 있다는 점에서 성찰 수준의 향상이 긍정심리자본의 효과를 높일 수 있다. 성찰 수준을 높이고 일터에서 구체적인 비판적 성찰 업무 행동을 활성화하기 위해 심리적 어포던스로서 긍정심리자본을 적극적으로 활용할 것을 시사하였다.

다섯째, 긍정심리자본이 갖는 밝은 면에만 집중하여 성급히 조직에 도입하기보다는 조직이나 팀, 학습대상자가 어떤 성찰 수준인지를 먼저 파악하는 것이 더 중요하다는 증거를 제시하였다. 조직이나 팀, 학습대상자의 성찰 수준을 높이는 것이 선행되어야 한다. 이 연구결과는 조직이나 팀의 성찰 수준이 낮을 경우, 아무리 긍정심리자본의 요소를 투입해도 성과를 얻기 힘들다는 것을 보여준다. 긍정심리자본은 예측요인의 성찰 수준에 따라서 독이 될 수도 있고 약이 될 수 도 있다. 이런 이유로 긍정심리자본의 도입에 앞서 조직의 성찰 수준에 관심을 기울이고 향상시키는 것이 선행되어야 한다.

마무리:
성찰하며 발전하는
퍼실리테이터

성찰이 일어났다고 해서 바로 행동으로 나타나는 것은 아니다. 성찰이 비판적 성찰행동으로 이어지기 위한 투입 요소는 무엇일까 하는 물음에서 이 연구가 시작되었다. 그 투입 요소를 이 연구에서는 긍정심리자본으로 보았다. 또한 학습자의 성찰에 가장 큰 영향을 미치는 사람은 퍼실리테이터이다. 퍼실리테이터의 성찰 수준은 학습자의 성찰 수준에 직결된다. 따라서 이 연구에서는 퍼실리테이터의 성찰 학습 수준과 비판적 성찰 업무 행동의 매개효과에 관한 종합적인 연구 프레임을 설정하였다. 국내 퍼실리테이터의 성찰 학습 수준에 기초하여 비판적 성찰 업무 행동에 대한 실증연구의 결론은 아래와 같다.

첫째, 비판적 성찰 업무 행동을 촉진하기 위해서 먼저 퍼실리테이터는 비판적으로 성찰하는 퍼실리테이터가 되어야 한다. 비판적 성찰이 조직에 긍정적 영향을 주어서 실제로 개인과 조직의 성과를 높이는데 기여한다는 것을 확인하였다. 퍼실리테이터는 성찰적 실천을 통해 스스로 전문가로서 능력을 향상시켜나가야 할 것이다. 동시에 퍼실리테이터는 개인의 삶에 대해 해방적 시각을 갖는 비판적 성찰노력과 함께 학습자의 비판적 성찰에도 도움을 줄 수 있어야 한다.

둘째, 퍼실리테이터는 본인의 성찰 학습 수준과 긍정심리자본에 관심을 기울이고 이를 향상시키기 위해 노력해야 한다. 퍼실리테이터의 성찰 학습 수준과 긍정심리자본은 비판적 성찰 업무 행동을 촉진한다. 자신의 활동 영역과 공간에서 비판적 성찰 업무 행동이 잘 일어날 수 있도록 긍정심리자본의 관리가 필요하다. 긍정심리자본은 심리적 정서적 특성이 있고, 일상의 스트레스에 취약하다. 퍼실리테이터는 긍정심리자본을 관리하여 학습자와 만나는 공간을 비판적 성찰 업무 행동이 활발히 일어나는 곳으로 만들어야 한다. 비판적 성찰 업무 행동 자체가 퍼실리테이션에서 요구하는 역량과 공통점이 많기 때문이다. 퍼실리테이터가 개인적으로 행할 수 있는 비판적 성찰 업무 행동인 피드백요청행동, 실험적 시도행동, 경력인식행동을 활발하게 실행하여 퍼실리테이터의 역량향상과 개인적 발전에 도움을 받을 수 있다. 그 이후 점차 학습자 또는 조직의 구성원들과 함께 실천할 수 있는 실수관용행동과 집단사고 도전행동, 비판적 의견공유행동들로 영역을 넓혀 갈 수 있다. 사회적 변화와 개혁을 추구하는 비판적 사고와 해방적 행동이 너무 멀기 때문에 손 놓고 있을 것이 아니라 퍼실리테이터의 삶 속의 가능한 영역에서 실천하는 것이 효과적이다.

셋째, 퍼실리테이터의 학습환경을 비판적 성찰 업무 행동이 가능한 공간으로 만들어야 한다. 퍼실리테이터의 역할은 그룹이나 팀의 성취에 도움을 주는 동시에 역할이 갖는 권력을 무시할 수 없다. 집단사고 도전행동은 집합주의와 권위주의적인 특성을 갖는 한국적 정서와 지위관계(윤경우, 2006)의 영향을 받아 '말 많으면 빨갱이'와 같은 부정적인 말로 억제되어 왔다. 그동안 교육현장은 퍼실리테이터의 말에 이견을 달지 않는 것을 미덕으로 삼고 갈등을 억제한 측면이 강하였다. 퍼실리테이터도 그룹을 리드하는 위치에서 시간과 공간의 제약으로 소수의견이나 개별 의견을 부정적인 피드백을 함으로써 억압적 분위기를 형성하여 무언의 압력을 행사하는 경우가 많았다. 퍼실리테이터가 어떤 환경과 분위기를 조성하느냐에 따라 학습자는 전혀 다른 행동을 보인다. 퍼실리테이션의 영역을 실험과 시도, 탐색과 의문이 허용되는 가장 실험적이고 안전한 분위기를 가진 공간으로 만들어야 한다. 퍼실리테이터의 삶 속에서 가장 가까운 학습 공간부터 실험의 장으로 만드는 것이 비판적 성찰을 향상하는데 도움이 될 것이다.

넷째, 퍼실리테이터가 속한 조직은 퍼실리테이터의 성찰학습과 긍정심리자본에 관심을 기울이고 향상하기 위해서 노력해야 한다. 조직구성원에게 긍정심리자본 프로그램을 실행한다고 긍정심리가 향상되는 것은 아니다. 조직에서는 긍정심리자본을 활용하기 전에 조직원의 성찰 수준에 먼저 관심을 기울이고 성찰이 활발하게 일어날 수 있는 리더십과 문화 풍토를 마련하는 것이 중요하다. 강제적이고 지시적인 리더와 조직문화 속에서 긍정심리자본은 활성화되기 어렵고, 개인의 성찰 수준도 부정적인 방어행동으로 나올 수 있다.

다섯째, 구조적 개혁과 새로운 방향 전환을 위한 비판적 성찰의 풍토를 조성해야 한다. 그동안 성찰은 강조되었어도 비판은 억제되어 온 측면이 있다. 개인적 성찰은 당면한 문제를 해결하고 개선하지만, 그 문제가 발생한 근본 구조를 변화시키는데 역부족이다. 더욱이 비판을 백안시하는 풍토에서는 문제를 구조적으로 보고 개선하려는 개인들의 연대 의식을 약화하는 결과를 낳을 수 있다. 개인들의 자기성찰과 비판적 자기성찰만이 강조되어 온 결과 사회구조와 시스템에 대한 비판적 성찰 없이 만인에 대해 만인이 투쟁하는 사회가 되어 버렸다. 비판적 성찰은 개인이 아무리 노력해도 해결할 수 없는 문제를 체제와 구조의 문제로 자각할 수 있는 개인들의 연대와 사회변화를 가능하게 만들 힘을 가지고 있다. 따라서 이 연구결과는 힘 있는 개인으로서의 자각을 위해 비판적 성찰의 확산에 기여하길 희망한다. Freire(2004)의 말처럼 비판적 문화가 적대시되는 국내의 '한계상황'에서도 비판적 성찰의 문화가 확산되길 바란다. '가능한 꿈'이길 희망한다.

참고자료

단행본

권두승, 『성인교육자론』, 교육과학사, 2006.

김미정, 유영만. 『액션러닝과 조직변화-변화를 유도하는 학습, 실천을 촉구하는 학습』, 교육과학사, 2003.

윤평중, 『푸코와 하버마스를 넘어서:합리성과 사회비판』, 교보문고, 1990.

Argyris, C, On *organizational learning* 2nd ed, Malden, MA:Blackwell, 2001.

Argyris, C., & Schön, D. A, *Organizational learning:A theory of action perspective*. Reading, Massachusetts:Addison-Wesley, 1978.

Argyris, C., & Schön, D. A, *Organizational learning II:Theory, method and practice*. Reading, Philadelphia:Addison-Wesley, 1996.

Averill, J. R., Catlin, G., & Chon, K. K, *Rules of hope*. New York, NY:Springer-Verlag, 1990.

Baumgardner, S. R., & Crothers, M. K, *Positive psychology*. Upper Saddle River, NJ:Prentice Hall, 2009.

Beck, U, *Risk society:Towards a new modernity*. translated by Mark Ritter. London, BK:Sage, 1997.

Bens, I, *Facilitation at a glance!:A pocket guide of tools and techniques for effective meeting facilitation*. D. Picard 2nd ed, Joint publication of GOAL/QPC, AQP, 2008.

Bickham, A, The infusion/utilization of critical thinking skills in professional practice. In

Young. Ed, *Continuing professional education in transition:Visions for the professions and new strategies for lifelong learning* pp. 59-81, Malabar, FL:Krieger Publishing Company, 1998.

Bierema, L, *Implementing a critical approach to organization development*. Marlbar, FL:Krieger, 2010.

Boud, D., Keogh, R., & Walker, D. Eds, Promoting reflection in learning:A model. *Reflection:Turning experience into learning*, 2nd ed. pp.18-40, London:Kogan Page, 1987.

Brockbank, A., & McGill, I, *Facilitating reflective learning in higher education* 2nd ed, New York, NY:McGraw-Hill International, 2007.

Brookfield, S, *Developing critical thinkers*. Milton Keynes, Buckingham, VA:Open University Press, 1987.

Brookfield, S, *Understanding and facilitating adult learning*. San Francisco, CA:Jossey-Bass, 1986.

Brookfield, S, Using critical incidents to explore learners' assumptions. In Mezirow and associates Eds, Fostering c*ritical reflection in adulthood:A guide to transformative and emancipatory learning* pp. 177-193, San Francisco, CA:Jossy-Bass, 1990.

Brookfield, S, *Becoming a critically reflective teacher*. San Francisco, CA:Jossey-Bass, 1995.

Brookfield, S, Critical thinking techniques. In Galbraith Ed, A*dult learning methods:A guide for effective instruction* 3rd ed, pp. 341-360, Malabar, FL:Krieger Publishing Company, 2004.

Brookfield, S, *The power of critical theory for adult learning and teaching*. San Francisco, CA:Jossey-Bass, 2005.

Brookfield, S. D, Engaging critical reflection in corporate America. In J. Mezirow, E. Taylor and Associates Eds, *Transformative learning in practice:Insights from community, workplace and higher education*, 2009, pp. 125-135.

Brookfield, S, *Powerful techniques for teaching adults*. San Francisco, CA:John Wiley & Sons, 2013.

Brookfield, S. D., & Holst, J. D, *Radicalizing learning:Adult education for a just world*. San Francisco, CA:John Wiley & Sons, 2011.

Caffarella, R. S., & Barnett, B. G, Characteristics of adult learners and foundations of experiential learning. In L. Jackson & R. Caffarella Eds, *Experiential Learning:A new approach*, New Directions for Adult and Continuing Education, no. 62. San Francisco, CA:Jossey-Bass, 1994, pp. 29-42.

Cameron, K. S., Dutton, J. E., & Quinn, R. E, *Positive organizational scholarship:Foundations of a new discipline*. San Francisco, CA:Jossey-Bass, 2003.

Candy, P. C, Repertory grids:Playing verbal chess. In Mezirow and associates Eds, *Fostering critical reflection in adulthood:A guide to transformative and emancipatory learning*, San Francisco, CA:Jossy-Bass, 1990, pp. 271-295.

Carver, C. S., & Scheier, M. S, Optimism. In C. Snyder & S. Lopez Eds, *Handbook of positive psychology*, Oxford, UK:Oxford University Press, 2006, pp. 231-243.

Cervero, R. M, & Donald Schön, In Jarvis. Ed, *Twentieth century thinkers in adult and continuing education*. 2nd ed, London, UK:Kagan Page, 2001, pp. 206-219.

Cervero, R. M., & Wilson, A. L, At the heart of practice:The struggle for knowledge and power. In Cervero, Wilson, & Associates Eds, *Power in practice:Adult education and the struggle for knowledge and power in society*, New York, NY:John Wiley & Sons, 2001, pp. 1-20.

Cervero, R. M., & Wilson, A. L, *Working the planning table:Negotiating democratically for adult, continuing, and workplace education*. Indianapolis, IN:Jossey-Bass, 2006.

Collins, J. C, *How the mighty fall:And why some companies never give in*. Boulder, CO:JimCollins, 2009.

Collins, J. C., & Porras, J. I, *Built to last:Successful habits of visionary companies*. London, UK:Century Books, 1995.

Cranton, P, *Understanding and promoting transformative learning:A guide for educators of adults:Higher and adult education series*. San Francisco, CA:Jossey-Bass, 1994.

Cummings, T. G., & Worley, C. G, *Organizational development and change* 9th ed., Mason,

OH:Thomson South-Western, 2009.

Deming, W. E, *Out of the crisis*. Cambridge, MA:Massachusetts Institute of Technology Press, 1986.

Dewey, J, *Democracy and education:An introduction to the philosophy of education*. New York, NY:The Free Press, 1944.

Dewey, J, *How we think:A restatement of the reflective thinking to the educative process*. New York, NY:Dover Publication, 1952.

Elias, J. L., & Merriam, S. B, *Philosophical foundations of adult education* 3rd ed, Malabar, FL:Krieger Publishing Co, 2005.

Elliott, C., & Turnbull, S, Critical thinking in human resource development. *Critical Thinking in Human Resource Development*, New York, NY:Routledge, 2004, pp. 1-7.

Fiddler, M., & Marienau, C, Developing habits of reflection for meaningful learning. In S. Reed & C. Marienau Eds, *Linking adults with community:Promoting civic engagement through community based learning*, New Directions for Adult and Continuing Education, no. 118. San Francisco, CA:Jossey-Bass, 2008, pp. 75-85.

Freire, P, *Pedagogy of the oppressed*. New York, NY:Continuum, 1993.

Freire, P, Pedagogy of Freedom:Ethics, democracy, and civic courage. New York, NY:Rowman & Littlefield Publishers, 2000.

Freire, P, *Pedagogy of hope*. New York:Continuum, 2004.

French. W. L., & Bell, C. H, *Organization development:Behavioral science interventions for organization improvement* 6th ed, Englewood Cliffs, NJ:Prentice-Hall, Inc, 1999.

Garrick, J, *Informal learning in the workplace:Unmasking human resource development*. New York, NY:Routledge, 1998.

Giddens, A, *The constitution of society:Outline of the theory of structuration*. Berkeley, CA:University of California Press, 1996.

Gilley, J. W., Eggland, S. A., & Gilley, A. M, *Principles of human resource development* 2nd ed, New York, NY:Basic Books, 2002.

Godfrey, J. J, A *philosophy of human hope*. Dordrecht, Netherland:Martinus Nijhoff, 1987.

Goleman, D, *Vital lies, simple truths:The psychology of self deception*. New York, NY; Simon and Schuster, 2005.

Habermas, J, *Knowledge and human interests*. Boston, MA:Beacon Press, 1971.

Harman, H. H, *Modern factor analysis* 3rd ed, Chicago, IL:The University of Chicago Press, 1976.

Healy, T., & Côté, S, *The Well-being of nations:The role of human and social capital, education and skills*. Paris, France:OECD, 2001.

Heaney, T. W., & Horton, A. I, Reflective engagement for social change. In Mezirow and associates Eds, *Fostering critical reflection in adulthood:A guide to transformative and emancipatory learning*, San Francisco, CA:Jossy-Bass, 1990, pp. 74-98.

Hess, M. E., & Brookfield, S. D. Eds, How do we connect classroom teaching to institutional practice? Sustaining a culture of reflective practice in teaching. *Teaching reflectively in theological contexts:Promises and contradictions* Malabar, FL:Krieger Publishing Company, 2008, pp. 238-255.

Hillier, Y, *Reflective teaching in further and adult education* 2nd ed, London, UK:Continuum, 2004.

Hogan, C, *Understanding facilitation:Theory & principles*. London, UK:Kogan Page, 2002.

Holton, E. F, Clarifying and defining the performance paradigm of human resource development. In K. P. Kuchinke Ed, A*HRD Conference Proceedings*, Raleigh-Durham, NC:Academy of Human Resources Development, 2000, pp. 2-3.

Hunter, D., Bailey, A., & Taylor, B, *The essence of facilitation:Being in action in groups*. Auckland, New Zealand:Tandem Press, 1999.

Hurn, C. J, *The limits and possibilities of schooling:An introduction to the sociology of education*. Boston, MA:Allyn and Bacon, 1985.

Illeris, K, *The three dimensions of learning:Contemporary learning theory in the tension field between the cognitive, the emotional and the social*. translated by Reader & Malone. Frederiksberg, Denmark:Roskilde University Press, 2002.

Janis, I. L, *Victims of groupthink:A psychological study of foreign-policy decisions and fiascoes*. Boston, MA:Houghton Mifflin Company, 1972.

Jarvis, P. 2011, *Adult learning in the social context*. New York, NY:Routledge.

Jenkins, J. C., & Jenkins, M. R, *The 9 disciplines of a facilitator:Leading groups by transforming yourself*. San Francisco, CA:Jossey-Bass, 2006.

Kincheloe, J. L, Making critical thinking critical. In D. Weil & H. Anderson Eds, Perspectives in critical thinking:*Essays by teachers in theory and practice*, New York, NY:Peter Lang, 2000, pp. 23-37.

Kline, R. B, *Principles and practice of structural equation modeling*. New York, NY:Guilford press, 2011.

Knowles, M. S, *The modern practice of adult education:From pedagogy to andragogy* 2nd ed, New York, NY:Cambridge Books, 1980.

Knowles, M. S., Holton, E. F., & Swanson, R. A, *The adult learner:The definitive classic in adult education and human resource development* 7th ed, Oxford, UK:Butterworth-Heinemann, 2011.

Knowles, M. S., Swanson, R. A., & Holton, E. F. III, *The adult learner:The definitive classic in adult education and human resource development* 6th ed, San Francisco, CA:Elsevier Science and Technology Books, 2005.

Kreber, C, Critical reflection and transformative learning. In Taylor, E. W., & Cranton, P. Eds, *The handbook of transformative learning:Theory, research, and practice*, San Francisco, CA:John Wiley & Sons, 2012, pp. 323-341.

Lakoff, G, *Thinking points:Communicating our American values and vision*. New York, NY:Macmillan, 2006.

Lewis, L. H., & Williams, C. J, Experiential learning:Past and present. In L. Jackson & R. Caffarella Eds, *Experiential Learning:A new approach*, New Directions for Adult and Continuing Education, no. 62. San Francisco, CA:Jossey-Bass, 1994, pp. 5-16.

Luthans, F., Youssef, C. M., & Avolio, B. J, *Psychological capital:Developing the human competitive edge*. Oxford, UK:Oxford University Press, 2007.

MacKeracher, D, *Making sense of adult learning* 2nd ed, University of Toronto Press, 2004.

Marsick, V. J, Action learning and reflection in the workplace. In J. Mezirow and Associates Eds, *Fostering critical reflection in adulthood*, San Francisco, CA:Jossey-Bass, 1991, pp. 23-46.

Masten, A. S., & Reed, M. J, Resilience in development. In C. R. Snyder & S. Lopez Eds, *Handbook of positive psychology*, Oxford, UK:Oxford University Press, 2002, pp. 227-239.

Mayo, P, *Liberating praxis:Paulo Freire's legacy for radical education and politics*. Westport, CT:Praeger Publishers, 2004.

Merriam, S. B., Caffarella, R. S., & Baumgartner, L. M, *Learning in adulthood:A comprehensive guide* 3rd ed, San Francisco, CA:John Wiley & Sons, 2007.

Mezirow, J, *Fostering critical reflection in adulthood:A guide to transformative and emancipatory learning*. San Francisco:Jossey-Bass, 1990.

Mezirow, J, *Transformative dimensions of adult learning*. San Francisco, CA:Jossey-Bass, 1991.

Mezirow, J., & Associates, *Fostering critical reflection in adulthood:A guide to transformative and emancipatory learning*. San Francisco, CA:Jossey-Bass, 1990.

Mezirow, J., & Associates, *Learning as transformation:Critical perspectives on a theory in progress*. San Francisco, CA:Jossey-Bass Publishers, 2000.

Nadler, L., & Nadler, Z, *Developing human resources*. 3rd ed, San Francisco, CA:Jossey-Bass, 1989.

Newman, M, Reflection disempowered. In S. B. Merriam & J. P. Grace Eds, *Contemporary issues in adult education*, San Francisco, CA:John Wiley & Sons, 2011, pp. 315-339.

Noe, R. A, *Employee training and development* 6th ed, Boston, MA:McGraw-Hill/Irwin, 2002.

Peterson, C., & Steen, T, Optimistic explanatory style. In C. R. Snyder and S. Lopez Eds, *Handbook of positive psychology*, Oxford, UK:Oxford University Press, 2002, pp. 244-256.

Preskill, S., & Brookfield, S. D, *Learning as a way of leading:Lessons from the struggle for social justice*. San Francisco, CA:Jossey-Bass, 2009.

Rigg, C., Stewart, J., & Trehan, K. Eds, A critical take on a critical turn in HRD. *Critical human resource development:Beyond orthodoxy*, Upper Saddle River, NJ:Prentice Hall, 2007, pp. 1-16.

Rogers, C. R, *Freedom to learn for the eighties*. Columbus, OH:Charles Merrin, 1983.

Rogers, C. R, The interpersonal relationship in the facilitation of learning. In V. L. E. Henderson & H. Kirschenbaum Eds, *The Carl Rogers reader*, Boston, MA:Houghton Mifflin, 1989. pp. 304-322.

Schön, D. A, *The reflective practitioner:How professionals think in action*. New York, NY:Basic books, 1983.

Schön, D. A, *Educating the reflective practitioner:Toward a new design for teaching and learning in the professions*. San Francisco, CA:Jossey-Bass, 1987.

Schön, D. A., & Rein, M, *Frame reflection:Toward the resolution of intractable policy controversies*. New York, NY:Basic Books, 1995.

Schwarz, R. M, *The skilled facilitator:A comprehensive resource for consultants, facilitators, managers, trainers, and coaches* 2nd ed, San Francisco, CA:Jossey-Bass, 2002.

Seligman, M. E. P, *Learned optimism*. New York, NY:Pocket Books, 1998.

Seligman, M. E. P, Positive psychology, positive prevention, and positive therapy. In C. R, Snyder & S. Lopez Eds, *Handbook of positive psychology*, New York, NY:Wiley & Sons, vol. 1, 2002, pp. 3-9.

Snyder, C. R. Ed, Hypothesis:There is hope. *Handbook of hope:Theory, measures, and applications*, San Diego, CA:Academic press, 2000, pp. 3-24.

Spiro, R. J., Vispoel, W. P., Schmitz, J. G., Samarapungavan, A., & Boerger, A. E, Knowledge acquisition for application:Cognitive flexibility and transfer in complex content domains. In B. C. Britton & S. Glynn Eds, *Executive control processes*, Hillsdale, NJ:Erlbaum, 1987, pp. 177-199.

Sutcliffe K. M., & Vogus, T. J, Organizing for resilience. In K. S. Cameron, J. E. Dutton & R. E. Quinn Eds, Positive *organizational scholarship:Foundations of a new discipline*,

퍼실리테이터의 비판적 성찰과 자기개발

San Francisco, CA:Berrett-Koehler, 2003, pp. 94-110.

Swanson, R. A, *Foundation of human resource development.* San Francisco, CA:Berrett-Koehler, 2010.

Tennant, M. Ed, *Psychology and adult learning* 3rd ed., New York, NY:Routledge, 2006.

Trehan, K., & Rigg, C, Beware of the unbottled genie:Unspoken aspects of critical self-reflection. In Elliott, C., & Turnbull, S. Eds, *Critical thinking in human resource development,* New York, NY:Routledge, 2005, pp. 11-25.

Van Woearkom, M, *Critical reflection at work. Bridging individual and organizational learning.* Unpublished doctoral dissertation, University of Twente, Enschede, the Netherlands, 2003.

Vince, R, Ideas for critical practitioners. In Elliott, C., & Turnbull, S. Eds, *Critical thinking in human resource development,* London:Routledge, 2004, pp. 26-36.

Watkins, K. E., & Marsick, V, *Sculpting the learning organization:Lesson in the art and science of systemic change.* San Francisco, CA:Jossey-Bass, 1993.

Weaver, R. G., & Farrell, J. D, *Managers as facilitators:A practical guide to getting work done in a changing workplace.* San Francisco, CA:Berrett-Koehler Publishers, 1997.

Wilkinson, M, *The secrets of facilitation:The smart guide to getting results with groups.* San Francisco, CA:Jossey-Bass, 2004.

Wijffels, H. H. F, *Veranderende maatschappij, Veranderende universiteit* [Changing society, changing university]. Presentation at the opening of the academic year at Wageningen University, Wageningen, the Netherlands, 2000.

2. 논문

권인각, 박승미, 「비판적 성찰 탐구 훈련이 신입간호사의 임상 의사결정에 미치는 효과」,

『임상간호연구』, 13⑵, 병원간호사회, 2007, 39-50면.

권정숙, 「유아교사의 반성적 사고 및 반성적 사고수준과 교수능력」, 서울여자대학교 대학원 박사학위논문, 2002.

김경희, 허영진, 「초등학교 사회과 수업에서의 사고력 향상에 관한 반성적 실천연구」, 『교육이론과 실천』, 12⑶, 2003, 27-44면.

김광수, 「비판적 사고론」, 『철학연구』, 58, 경남대학교 교육문제연구소, 2002, 5-42면.

김근우, 이현정, 「호텔기업의 변혁적 리더십이 조직공정성에 의한 직무만족과 조직행동에 미치는 영향」, 『호텔경영학 연구』, 14⑶, 한국호텔외식관광경영학회, 2005, 135-150면.

김미자, 전주성, 「새로운 '나'를 만남: 성인 학습자에게 있어 깨달음의 의」, 『평생교육·HRD 연구』, 10⑴, 숭실대학교 한국평생교육·HRD연구소, 2014, 25-40면.

김영순, 「반성적 사고를 강조한 수업장학이 초등교사의 과학수업에 미치는 영향」, 한국교원대학교 대학원 박사학위논문, 2010.

김영화, 「학습조직에서의 학습 파라다임: 기업의 인적자원개발과 성인교육의 접목」, 『산업교육연구』, 5, 한국산업교육학회, 1999, 5-29면.

김은영, 김정현, 최예솔, 「협동학습에서 소셜네트워크서비스(SNS)를 활용한 성찰활동이 학습몰입, 학업적 자기효능감, 학업성취에 미치는 효과」, 『교육방법연구』, 23⑷, 한국교육방법학회, 2011, 665-686면.

김주섭, 박재춘, 「조직문화와 긍정심리자본, 조직몰입의 인과관계에 대한 다수준분석」, 『인적자원관리연구』, 20⑶, 한국인적자원관리학회, 2013, 51-74면.

김창수, 김지범, 「지식자산 측정을 위한 회계학적 방법론의 실증적 비교분석」, 『산업경영연구』, 8⑵, 중앙대학교 산업경영연구소, 1999, 177-201면.

김태길, 「팀 학습행동이 집단창의성에 미치는 영향과 비판적 성찰 업무 행동의 매개효과」, 중앙대학교 글로벌 대학원 석사학위논문, 2014.

김현정, 「반성적 사고 중심 교육실습 프로그램 모형의 개발과 적용」, 서울대학교 대학원 박사학위논문, 2013.

김형주, 유태용, 「직무과부하가 직무탈진에 미치는 영향 : 긍정심리자본의 매개효과와 사회적 지지와 성격의 조절효과」, 『산업 및 조직』, 26⑵, 한국산업및조직심리학회, 2013, 317-340면.

퍼실리테이터의 비판적 성찰과 자기개발

김희영, 장금성, 「간호역량 군집 유형에 따른 성찰 수준, 팀 학습 분위기 및 학습조직 구축정
　　도 비교」, 『간호행정학회지』, 19⑵, 한국간호과학회 간호행정학회, 2013, 282-291면.

박경호, 「비평적 인적자원개발: 전환학습이론의 프레임을 통환 활성화」, 『평생교육·HRD
　　연구』, 1⑴, 숭실대학교 한국평생교육·HRD연구소, 2005, 81-94면.

박미화, 이진석, 이경호, 송진웅, 「과학수업에 대한 반성적 사고의 개념적 정의와 유형」,
　　『한국과학교육학회지』, 13⑵, 한국과학교육학회, 2007, 70-83면.

박수홍, 김두규, 홍진용, 「문제중심학습 기반의 퍼실리테이터 육성 프로그램 개발 연구」,
　　『교육혁신연구』, 22⑴, 부산대학교 교육발전연구소, 2012, 21-45면.

박용권, 「긍정심리자본과 리더십 성과」, 숭실대학교 대학원 박사학위논문, 2010.

박정호, 「대학에서 비판적 사고교육의 의의: 경쟁과 긍정적 사고를 넘어서」, 『시대와 철
　　학』, 22⑵, 한국철학사상연구회, 2011, 137-166면.

백수정, 「평생교육자의 퍼실리테이션 역량 진단척도 개발」, 중앙대학교 대학원 박사학위
　　논문, 2013.

백수정, 이희수, 「성인교육 퍼실리테이터 역량 개발: 필요 수준과 현재 수준 간의 차이 분
　　석을 중심으로」, 『평생학습사회』, 8⑶, 한국방송통신대학교 원격교육연구소, 2012,
　　59-85면.

백평구, 「인적자원개발에서의 정의(justice)에 대한 담당자의 인식 분석」, 중앙대학교 대학
　　원 박사학위논문, 2011.

백평구, 김창수, 이현주, 「지속가능경영 우수기업의 교육훈련투자 안정성이 종업원 복지
　　와 경영성과에 미치는 영향」, 『대한경영학회지』, 26⑺, 대한경영학회/대한경영학
　　회, 2013, 1845-1864면.

서경혜, 「반성과 실천: 교사의 전문성 개발에 대한 소고」, 『교육과정연구』, 23⑵, 한국교육
　　과정학회, 2005, 285-310면.

서민규, 「비판적 사고 교육, 무엇을 어떻게 할 것인가」, 『교양교육연구』, 4⑵, 한국교양교육
　　학회, 2010, 129-139면.

석은조, 정금자, 「저널쓰기를 통한 예비유아교사의 자기조절학습 및 자기효능감에 대한
　　연구」, 『유아교육연구』, 26⑷, 한국유아교육학회, 2006, 215-238면.

송영수, 「기업 내 HRD 활동을 위한 퍼실리테이터(Facilitator)의 역할 및 필요역량 탐색」, 『기

업교육연구』, 12(2), 한국기업교육학회, 2010, 51-72면.

송해덕, 「문제중심학습 환경에서 성찰적사고 지원요인 탐색」『열린교육연구』, 17(3), 한국
　　열린교육학회, 2009, 215-232면.

송해덕, 박형주, 「어포던스 관점에서 디지털 교과서 사용편의성에 영향을 미치는 요인분
　　석 연구」『교육공학연구』, 25(3), 한국교육공학회, 2009, 135-155면.

신옥순, 「교사의 성찰적 사고 개발을 위한 방안 탐색」『교육논총』, 17, 경인교육대학교 교
　　육연구원, 2000, 61-74면.

신현숙, 「청소년의 낙관성 및 비관성과 심리적 적응의 관계에서 대처의 매개효과」『청소
　　년학연구』, 12(3), 한국청소년학회, 2005, 165-192면.

염우선, 송영수, 「소그룹 퍼실리테이터의 역할과 주요 역량에 대한 중요성 및 수행수준 인
　　식 차이분석에 관한 연구」『산업교육연구』, 22, 한국산업교육학회, 2011, 67-88면.

오성숙, 이희수, 「일터 교수자에게 요구되는 퍼실리테이터 역량 요구분석: D기업 사내 강
　　사를 대상으로」『직업교육연구』, 33(4), 직업한국직업교육학회, 2014, 77-101면.

유병민, 전종철, 박혜진, 「대학 수업에서 개인적 성찰과 협력적 성찰이 학습동기 및 자기
　　효능감에 미치는 영향」『교육정보미디어연구』, 19(4), 한국교육정보미디어학회,
　　2013, 837-859면.

유영준, 「사회복지사의 반성적 사고수준과 사회복지실천기술의 활용정도」『사회복지연
　　구』, 40(2), 한국사회복지연구회, 2009, 337-362면.

윤경우, 「한중일 3국 기업문화의 유사성과 차이성 비교」『중소연구』, 29(4), 아태지역연구
　　센터, 2006, 47-99면.

이동섭, 조봉순, 김기태, 김성국, 이인석, 최용득, 「긍정심리학의 응용을 통한 인사조직연
　　구의 새로운 접근」『인사·조직연구』, 17(2), 한국인사조직학회, 2009, 307-339면.

이동섭, 최용득, 「긍정심리자본의 선행요인과 결과에 관한 연구」『경영학연구』, 39(1), 대
　　한경영학연구회, 2010, 1-28면.

이병철, 이채익, 「지방공무원의 심리적자본이 직무만족과 조직시민행동에 미치는 영향에
　　관한 연구」『지방정부연구』, 13(3), 한국지방정부학회, 2009, 67-85면.

이연주, 이희수, 「농업강사의 퍼실리테이션 프로그램 효과성 연구」『농업교육과 인적자원
　　개발』, 46(2), 한국농·산업교육학회, 2014. 27-48면.

이연주,「퍼실리테이터의 성찰 학습 수준이 비판적 성찰 업무 행동에 미치는 영향: 긍정심리자본의 매개효과」, 중앙대학교 대학원 박사학위논문, 2015.

이주희, 김소선, 여기선, 조수진, 김현례,「일 대학 간호대학생의 시뮬레이션 교육 경험 분석」,『한국간호교육학회지』, 15(2), 한국간호교육학회, 2009, 183-193면.

이진향,「교사의 수업개선을 위한 반성적 사고의 의미 고찰」,『한국교원교육연구』, 19(3), 한국교원교육학회, 2002, 169-188면.

이해리, 조한익,「한국 청소년 탄력성 척도의 개발」,『한국청소년연구』, 16(2), 한국청소년정책연구원, 2005, 161-206면.

이현응,「국내외 HRD 연구의 매개효과 분석 방법에 대한 고찰」,『HRD연구』, 16(2), 한국인력개발학회, 2014, 225-249면.

이호선,「인지적 어포던스 기반의 모바일 콘텐츠 활용방안에 관한 연구」, 한양대학교 대학원 박사학위 논문, 2014.

이희수, 정미영,「성인 학습에서 성찰과 비판적 성찰의 이론적 계보 분석」,『한국교육』, 37(4), 한국교육개발원, 2010, 121-148면.

장선영, 박인우, 기창원,「의과대학 문제중심학습에서 성찰 유형 및 문제중심학습 경험수준에 따른 성찰의 수준 분석: 비판적 성찰을 중심으로」,『교육공학연구』, 26(1), 한국공학교육학회, 2010, 145-184면.

장휘숙,「정신병리를 차단하는 요인으로서의 탄력성」,『한국심리학회지 발달』, 14(1), 한국발달심리학회, 2001, 113-127면.

전주성,「지식사회 대학의 위기 대응을 위한 교수-학습 전략모색: 소셜러닝을 중심으로」,『Andragogy Today: International Journal of Adult & Continuing Education』, 17(2), 한국성인교육학회, 2014, 131-152면.

정대용, 박권홍, 서장덕,「긍정심리자본과 리더십 성과」,『경영교육연구』, 66, 한국경영교육학회, 2011, 401-428면.

정미영,「일터에서 상호작용 공정성과 조직 내 신뢰가 성찰학습과 업무수행 행동에 미치는 영향」, 중앙대학교 대학원 박사학위 논문, 2012.

정은희,「성인 학습과 전환적 변화: 메지로의 전환학습이론」,『교육이론과 실천』, 13(3), 경남대학교 교육문제연구소, 2004, 304-314면.

정연수, 최은수, 「중등학교 교감의 퍼실리테이션 역량에 관한 연구」, 『평생교육·HRD연구』, 8(2), 숭실대학교 한국평생교육·HRD연구소, 2012, 153-168면.

정주영, 홍광표, 「교원의 퍼실리테이터 수행지원 강화를 위한 연수 프로그램 개발 연구」, 『수산해양교육연구』, 22(3), 한국수산해양교육학회, 2010, 431-444면.

조성문, 「블렌디드 학습 환경에서 성찰적 사고수준과 스캐폴딩 유형이 인지적 실재감 및 학업성취에 미치는 효과」, 중앙대학교 대학원 박사학위 논문, 2012.

최지원, 정진철, 「대기업 사무직 근로자의 비판적 성찰 업무 행동과 의사결정 참여, 리더-구성원 교환 관계, 자기효능감 및 변화 준비성의 인과적 관계」, 『농업교육과 인적자원개발』, 44(2), 한국농·산업교육학회, 2012, 149-177면.

최지원, 현영섭, 「구조적 공백, 개인학습, 반성적 사고의 관계」, 『HRD연구』, 16(3), 한국인력개발학회, 2014, 135-157면.

최지훈, 이인경, 「반성적 사고 교육이 예비특수체육교사의 반성적 사고 수준과 교수행동 변화에 미치는 영향」, 『한국특수체육학회지』, 18(2), 한국특수체육학회, 2010, 28-49면.

최훈, 「비판적 사고의 성향: 그 의미와 수업방법」, 『철학탐구』, 24, 중앙대학교 중앙철학연구소, 2008, 91-117면.

한수란, 황해익, 「유아교사의 반성적 사고 경험을 통한 교수행동의 변화」, 『열린유아교육연구』, 12(2), 한국열린유아교육학회, 2007, 161-183면.

홍아정, 백평구, 조윤성, 「농촌진흥공무원 전문지도연구회 퍼실리테이터 교육과정 설계」, 『농업교육과 인적자원개발』, 44(1), 한국농·산업교육학회, 2012, 23-49면.

홍진용, 「PKNO(Problem-based Learning for Korea Naval OJT) 퍼실리테이터 육성 프로그램 개발 연구」, 부산대학교 대학원 박사학위논문, 2009.

Adler, P. S., & Kwon, S. W, "Social capital:Prospects for a new concept", *Academy of Management Review*, 27(1), 2002, pp.17-40.

Argyris, C, "Single-loop and double-loop models in research on decision making", *Administrative Science Quarterly, 21*(3), 1977, pp.363-375.

Argyris, C, "Double-loop learning in organizations", *Harvard Business Review*, 55(5), 1977, pp.115-125.

Ash, S. L., & Clayton, P. H, "The articulated learning:An approach to guided reflection and assessment", *Innovative Higher Education, 29*(2), 2004, pp.137-154.

Ashford, S. J., Blatt, R., & Walle, D. V, "Reflections on the looking glass:A review of research on feedback-seeking behavior in organizations", *Journal of Management, 29*(6), 2003, pp.773-799.

Avey, J. B., Luthans, F., & Jensen, S. M, "Psychological capital:A positive resource for combating employee stress and turnover", *Human Resource Management, 48*(5), 2009, pp.677-693.

Bagozzi, R. P., & Yi, Y, "On the evaluation of structural equation models", *Journal of The Academy of Marketing Science, 16*(1), 1988, pp.74-94.

Bandura, A, "Self-efficacy:Toward a unifying theory of behavioral change", *Psychological Review, 84*(2), 1977, pp.191-215.

Barrick, M. R., & Mount, M. K, "The big five personality dimensions and job performance:A meta-analysis", *Personnel Psychology, 44*(1), 1991, pp.1-26.

Bergheim, K., Nielsen, M. B., Mearns, K., & Eid, J, "The relationship between psychological capital, job satisfaction, and safety perceptions in the maritime industry", *Safety Science, 74*, 2015, pp.27-36.

Berson, Y., Nemanich, L. A., Waldman, D. A., Galvin, B. M., & Keller, R. T, "Leadership and organizational learning:A multiple levels perspective", *The Leadership Quarterly, 17*(6), 2006, pp.577-594.

Billett, S., & Pavlova, M, "Learning through working life:Self and individuals'agentic action", *International Journal of Lifelong Education, 24*(3), 2005, pp.195-211.

Boud, D., & Walker, D, "Promoting reflection in professional courses:The challenge of contex"t. *Studies in Higher Education, 23*(2), 1998, pp.191-206.

Brookfield, S, "Repositioning ideology critique in a critical theory of adult learning", *Adult Education Quarterly, 52*(1), 2001, pp.7-22.

Brookfield, S, "The concept of critical reflection:Promises and contradictions", *European Journal of Social Work, 12*(3), 2009a, pp.293-304.

Brooks, A. K, "Critical reflection as a response to organizational disruption", *Advances in Developing Human Resources, 1*(3), 1999, pp.66-79.

Brooks, A. K, "Transformational learning theory and implications for human resource developmen"t. *Advances in Developing Human Resources, 6*(2), 2004, pp.211-225.

Bryant, F. B., & Cvengros, J. A, "Distinguishing hope and optimism", *Journal of Social and Clinical Psychology, 23*(2), 2004, pp.273-302.

Carifio, J., & Rhodes, L, "Construct validities and the empirical relationships between optimism, hope, self-efficacy, and locus of control", *Work:A Journal of Prevention, Assessment and Rehabilitation, 19*(2), 2002, pp.125-136.

Chan, K. L., & Chan, C. L, "Social workers'conceptions of the relationship between theory and practice in an organizational context", *International Social Work, 47*(4), 2004, pp.543-557.

Chemers, M. M., Watson, C. B., & May, S. T, "Dispositional affect and leadership effectiveness:A comparison of self-esteem, optimism, and efficacy", *Personality and Social Psychology Bulletin, 26*(3), 2000, pp.267-277.

Chen, G., Gully, S. M., Whiteman, J. A., & Kilcullen, R. N, "Examination of relationships among trait-like individual differences, state-like individual differences, and learning performance", *Journal of Applied Psychology, 85*(6), 2000, pp.835-847.

Chen, J., & Wang L, "Locus of control and the three components of commitment to change", Personality and Individual Differences, 42(3), 2007, pp.503-512.

Cicchetti, D., & Garmezy, N, "Prospects and promises in the study of resilience", *Development and Psychopathology, 5*(4), 1993, pp.497-502.

Cotter, R. J., & Cullen, J. G, "Reflexive management learning an integrative review and a conceptual typology", *Human Resource Development Review, 11*(2), 2012, pp.227-253.

Cox, E, "Adult learners learning from experience:Using a reflective practice model to support work-based learning", *Reflective Practice, 6*(4), 2005, pp.459-472.

Cullen, J., & Turnbull, S, "A meta-review of the management development literature", *Human Resource Development Review, 4*(3), 2005, pp.335-355.

Cunliffe, A. L, "On becoming a critically reflexive practitioner", *Journal of Management Education, 28*(4), 2004, pp.407-426.

De Groot, E., Endedijk, M. D., Jaarsma, A. D. C., Simons, P. R. J., & Van Beukelen, P, "Critically reflective dialogues in learning communities of professionals", *Studies in Continuing Education, 36*(1), 2014, pp.15-37.

De Groot, E., Van den Berg, B. A. M., Endedijk, M. D., Van Beukelen, P., & Simons, P. R. J, "Critically reflective work behaviour within autonomous professionals'learning communities", *Vocations and Learning, 4*(1), 2011, pp.41-62.

DeLongis, A., Folkman, S., & Lazarus, R. S, "The impact of daily stress on health and mood:Psychological and social resources as mediators", *Journal of Personality and Social Psychology, 54*(3), 1988, pp.486-495.

Dunlap, J. C, "Using guided reflective journaling activities to capture students'changing perceptions", *Tech Trends, 50*(6), 2006, pp.20-26.

Edmondson, A, "Psychological safety and learning behavior in work teams", *Administrative Science Quarterly, 44*(2), 1999, pp.350-383.

Edmondson, A, "The local and variegated nature of learning in organizations:A group-level perspective", *Organization Science, 13*(2), 2002, pp.128-146.

Ewert, G. D, "Habermas and education:A comprehensive overview of the influence of Habermas in educational literature", *Review of Educational Research, 61*(3), 1991, pp.345-378.

Fendler, L, "Teacher reflection in a hall of mirrors:Historical influences and political reverberations", *Educational Researcher, 32*(3), 2003, pp.16-25.

Fenwick, T, "The audacity of hopes:Towards poorer pedagogies", *Studies in the Education of Adult, 38*(1), 2006, pp.6-20.

Fenwick, T, "Workplace learning:Emerginging trends and new perspectives", *New Directions for Adult for Continuing Education, 119*, 2008, pp.17-26.

Fraser, M. W, "Galinsky, M. J., & Richman, J. M, Risk, protection, and resilience:Toward a conceptual framework for social work practice. *Social Work Research, 23*(3), 1999, pp.131-143.

Fredrickson, B. L, "What good are positive emotions?", *Review of General Psychology, 2*(3), 1998, pp.300-319.

Fredrickson, B. L., & Joiner, T, "Positive emotions trigger upward spirals toward emotional well-being", *Psychological Science, 13*(2), 2002, pp.172-175.

Garavan, T. N., & McCarthy, A, "Collective learning processes and human resource development", *Advances in Developing Human Resources, 10*(4), 2008, pp.451-471.

Garmezy, N, "Children in poverty:Resilience despite risk", *Psychiatry, 56*(1), 1993, pp.127-130.

Gaver, W. W, "Situating action II:Affordances for interaction:The social is material for design", *Ecological Psychology, 8*(2), 1996, pp.111-129.

Gerbing, D. W., & Anderson, J. C, "An updated paradigm for scale development incorporating unidimensional and its assessment", *Journal of Marketing Research, 25*(2), 1988, pp.186-192.

Greeno, J. G, "Gibson's Affordances", *Psychological Review, 101*(2), 1994, pp.336-342.

Hart, A. W, "Reflection:An instructional strategy in educational administration", *Educational Administration Quarterly, 29*(3), 1993, pp.339-363.

Harvey, J. B, "The Abilene paradox:The management of agreement", *Organizational Dynamics, 17*(1), 1988, pp.17-43.

Hatton, N., & Smith, D, "Reflection in teacher education:Towards definition and implementation", *Teaching and Teacher Education, 11*(1), 1995, pp.33-49.

Hekimoglu, S., & Kittrell, E, "Challenging students' beliefs about mathematics:The use of documentary to alter perceptions of efficacy", *Primus, 20*(4), 2010, pp.299-331.

Herzberg, P. Y., Glaesmer, H., & Hoyer, J, "Separating optimism and pessimism:A robust psychometric analysis of the revised life orientation test LOT-R", *Psychological Assessment, 18*(4), 2006, pp.433-438.

Hoban, G, "Using a reflective framework to study teaching-learning relationships", *Reflective

퍼실리테이터의 비판적 성찰과 자기개발

Practice, *1*(2), 2000, pp.165-182.

Hobfoll, S. E, "Social and psychological resources and adaptation", *Review of General Psychology, 6*(4), 2002, pp.307-318.

Høyrup, S, "Reflection as a core process in organizational learning", *Journal of Workplace Learning, 16*(8), 2004, pp.442-454.

Jay, J. K., & Johnson, K. L, "Capturing complexity:A typology of reflective practice for teacher education", *Teaching and Teacher Education, 18*(1), 2002, pp.73-85.

Jin-gu L., & Judith A. Kolb, "Facilitation skills in management education:Group techniques to guide management situations", *Andragogy Today, 16*(2), 2013, pp.175-198.

Johnsson, M. C., & Boud, D, "Towards an emerging view of learning work", *International Journal of Lifelong Education, 29*(3), 2010, pp.359-372.

Kayes, A. B., Kayes, D. C., & Kolb, D. A, "Experiential learning in teams", *Simulation & Gaming, 36*(3), 2005, pp.330-354.

Keith, N., & Frese, M, "Self-regulation in error management training:Emotion control and metacognition as mediators of performance effects", *Journal of Applied Psychology, 90*(4), 2005, pp.677-691.

Kember, D., Leung, D. Y., Jones, A., Loke, A. Y., McKay, J., Sinclair, K., Tse, H., Webb, C., Wong, F., Wong, M., & Yeung, E, "Determining the level of reflective thinking from students' written journals using a coding scheme based on the work of Mezirow", *International Journal of Lifelong Education, 18*(1), 1999, pp.18-30.

Kember, D., Leung, D. Y., Jones, A., Loke, A. Y., McKay, J., Sinclair, K., Tse, H., Webb, C., Wong, F., Wong, M., & Yeung, E, "Development of a questionnaire to measure the level of reflective thinking", *Assessment & Evaluation in Higher Education, 25*(4), 2000, pp.381-395.

King, K. B., Rowe, M. A., Kimble, L. P., & Zerwic, J. J. 1998, "Optimism, coping, and long-term recovery from coronary artery surgery in women", *Research in Nursing & Health, 21*(1), 1998, pp.15-26.

King, K. P, "The adult ESL experience:Facilitating perspective transformation in the classroom", *Adult Basic Education, 10*(2), 2000, pp.69-89.

King, K. P, "Both sides now:Examining transformative learning and professional development of educators", *Innovative Higher Education, 29*(2), 2004, pp.155-174.

Kirk, P., & Broussine, M, "The politics of facilitation", *Journal of Workplace Learning, 12*(1), 2000, 13-22.

Kirschner, P., Strijbos, J. W., Kreijns, K., & Beers, P. J, "Designing electronic collaborative learning environments", *Educational Technology Research and Development, 52*(3), 2004, pp.47-66.

Knapp, R, "Collective team) learning process models:A conceptual review", *Human Resource Development Review, 9*(3), 2010,pp. 285-299.

Kolb, A., Jin, S., & Song, Ji, "A model of small group facilitator competencies", *Performance Improvement Quarterly, 21*(2), 2008, pp.119-133.

Korthagen, F. A, "Two modes of reflection", *Teaching and Teacher Education, 9*(3), 1993, pp.317-326.

Korthagen, F., & Vasalos, A. 2005, "Levels in reflection:Core reflection as a means to enhance professional growth", *Teachers and Teaching, 11*(1), 2005, pp.47-71.

Krueger, N. Jr., & Dickson, P. R, "How believing in ourselves increases risk taking:Perceived self-efficacy and opportunity recognition", *Decision Sciences, 25*(3), 1994, pp.385-400.

Kwon, P, "Hope and dysphoria:The moderating role of defense mechanisms", *Journal of Personality and Psychology, 68*(2), 2000, pp.199-223.

Kuchinke, K. P, "Moving beyond thw dualism of performance versus learning:A response to Barrie and Pace", *Human Resource Development Quarterly, 2*, 1998, pp.377-384.

Larrivee, B, "Transforming teaching practice:Becoming the critically reflective teacher", *Reflective Practice, 1*(3), 2000, pp.293-307.

Lee, J., & Kolb, A, "Facilitation skills in management education Group techniques to guide management situations", *Andragogy Today:International Journal of Adult & Continuing Education, 16*(2), 2013, pp.175-198.

Leroux, M., & Théorêt, M, "Intriguing empirical relations between teachers' resilience and reflection on practice", *Reflective Practice, 15*(3), 2014, pp.289-303.

Leung, D. Y., & Kember, D, "The relationship between approaches to learning and reflection upon practice", *Educational Psychology, 23*(1), 2003, pp.61-71.

Liu, L., Chang, Y., Fu, J., Wang, J., & Wang, L, "The mediating role of psychological capital on the association between occupational stress and depressive symptoms among Chinese physicians:A cross-sectional study", *BMC Public Health, 12*(1), 2012, pp.219-227.

Luthans, F, "The need for and meaning of positive organizational behaviour", *Journal of Organizational Behavior, 23*(6), 2002, pp.695-706.

Luthans, F, "Positive organizational behavior:Developing and managing psychological strengths", *Academy of Management Executive, 16*(1), 2002, pp.57-72.

Luthans, F., Avolio, B. J., Avey, J. B., & Norman, S. M, "Positive psychological capital:Measurement and relationship with performance and satisfaction", *Personnel Psychology, 60*(3), 2007, pp.541-572.

Luthans, F., Norman, S. M., Avolio, B. J., & Avey, J. B, "The mediating role of psychological capital in the supportive organizational climate—employee performance relationship", *Journal of Organizational Behavior, 29*, 2008, pp.219-238.

Luthans, F., Luthans, K. W., & Luthans, B. C, "Positive psychological capital:Beyond human and social capital", *Business Horizons, 47*(1), 2004, pp.45-50.

Luthans, F., & Youssef, C. M, "Emerging positive organizational behavior", *Journal of Management, 33*(3), 2007, pp.321-349.

Luthans, F., Vogelgesang, F. R., & Lester, P. B, "Developing the psychological capital of resilience", *Human Resources Development Review, 5*(1), 2006, pp.25-44.

Luthans, F., Zhu, W., & Avolio, B. J, "The impact of efficacy on work attitudes across cultures", *Journal of World Business, 41*(2), 2006, pp.121-132.

Magaletta, P. R., & Oliver, J. M, "The hope construct, will, and ways:Their relations with efficacy, optimism, and general well-being", *Journal of Clinical Psychology, 55*(5), 1999, 539-551.

Marsick, V. J, "Learning in the workplace:The case for reflectivity and critical reflectivity", *Adult Education Quarterly, 38*(4), 1988, pp.187-198.

Marsick, V. J., & Maltbia, T. E, "The transformative potential of action learning conversations:Developing critically reflective practice skills", In J. Mezirow, E. Taylor and Associates Eds, *Transformative learning in practice:Insights from community, workplace and higher education,* 2009, pp. 160-171.

Masten, A. S, "Ordinary magic:Resilience processes in development", *American Psychologist, 56*(3), 2001, pp.227-238.

Kuchinke, K. P, "Moving beyond thw dualism of performance versus learning:A response to Barrie and Pace", *Human Resource Development Quarterly, 2,* 1998, pp.377-384.

Mezirow, J, "Perspective transformation", *Adult Education Quarterly, 28*(2), 1978, pp.100-110.

Mezirow, J, "A critical theory of adult learning and education", *Adult Education Quarterly, 32*(1), 1981, pp.3-24.

Mezirow, J, "On critical reflection", *Adult Education Quarterly, 48*(3), 1998, pp.185-198.

Muller, J., & Watts, D, "Modeling and muddling:The long route to new organizations", *European Management Journal, 11*(3), 1993, pp.361-366.

Nakamura, Y. T., & Yorks, L, "The role of reflective practices in building social capital in organizations from an HRD perspective", *Human Resource Development Review, 10*(3), 2011, pp.222-245.

Nembhard, I. M., & Edmondson, A. C, "Making it safe:The effects of leader inclusiveness and professional status on psychological safety and improvement efforts in health care teams", *Journal of Organizational Behavior, 27*(7), 2006, pp.941-966.

Nolan, A., & Sim, J, "Exploring and evaluating levels of reflection in pre-service early childhood teachers", *Australian Journal of Early Childhood, 36*(3), 2011, pp.122-130.

Nonaka, I., & Takeuchi, H, "The knowledge-creating company:How Japanese companies create the dynamics of innovation", *Long Range Planning, 29*(4), 1996, pp.592.

Oakley, G., Pegrum, M., & Johnston, S, "Introducing e-portfolios to pre-service teachers as tools for reflection and growth:Lessons learnt", *Asia-Pacific Journal of Teacher*

퍼실리테이터의 비판적 성찰과 자기개발

Education, 42(1), 2014, pp.36-50.

Onwuegbuzie, A. J., & Snyder, C. R, "Relations between hope and graduate students' coping strategies for studying and examination taking", *Psychological Reports, 86*(3), 2000, pp.803-806.

Paget, T, "Reflective practice and clinical outcomes:Practitioners' views on how reflective practice has influenced their clinical practice", *Journal of Clinical Nursing, 10*(2), 2001, pp.204-214.

Pakman, M, "Thematic foreword:Reflective practices:The legacy of Donald Schon", *Cybernetics & Human Knowing, 7*(2-3), 2000, 5-8.

Parker, S. K, "Enhancing role breadth self-efficacy:The roles of job enrichment and other organizational interventions", *Journal of Applied Psychology, 77*(6), 1998, pp.963-974.

Parsons, M., & Stephenson, M, "Developing reflective practice in student teachers:Collaboration and critical partnerships", *Teachers and Teaching, 11*(1), 2005, pp.95-116.

Pearson, A. W., Bergiel, E., & Barnett, T, "Expanding the study of organizational behaviour in family business:Adapting team theory to explore family firms", *European Journal of Work and Organizational Psychology, 23*(5), 2014, pp.657-664.

Peltier, J. W., Hay, A., & Drago, W, "The reflective learning continuum:Reflecting on reflection", *Journal of Marketing Education, 27*(3), 2005, pp.250-263.

Peltier, J. W., Hay, A., & Drago, W, "Reflecting on reflection:Scale extension and a comparison of undergraduate business students in the United States and the United Kingdom", *Journal of Marketing Education, 28*(1), 2006, pp.5-16.

Peterson, C, "The future of optimism", *American Psychologist, 55*(1), 2000, pp.44-55.

Peterson, S., & Luthans, F, "The positive impact and development of hopeful leaders", *Leadership and Organization Development Journal, 24*(1), 2003, pp.26-31.

Pierce, V., Cheesebrow, D., & Braun, L. M, "Facilitator competencies", *Group Facilitation:A Research and Applications Journal, 2*(2), 2000, pp.24-31.

Podsakoff, P. M., MacKenzie, S. B., Lee, J. Y., & Podsakoff, N. P, "Common method biases in behavioral research:A critical review of the literature and recommended remedies", *Journal of Applied Psychology, 88*(5), 2003, pp.879-903.

Pultorak, E. G., & Barnes, D, "Reflectivity and teaching performance of novice teachers:Three years of investigation", *Action in Teacher Education, 31*(2), 2009, pp.33-46.

Raelin, J. A, "Public reflection as the basis of learning", *Management Learning, 32*(1), 2001, pp.11-30.

Rego, A., Sousa, F., & Marques, C, "Authentic leadership promoting employees' psychological capital and creativity", *Journal of Business Research, 65*(3), 2012, pp.429-437.

Richardson, G. E, "The metatheory of resilience and resiliency", *Journal of Clinical Psychology, 58*(3), 2002, pp.307-321.

Rigg, C., & Trehan, K, "Critical reflection in the workplace:Is it just too difficult?", *Journal of European Industrial Training, 32*(5), 2008, pp.374-384.

Ringer, M, "Two vital aspects in the facilitation of groups:Connections and containment", *Australian Journal of Outdoor Education, 4*(1), 1999, pp.1-7.

Robinson-Whelen, S., Kim, C., MacCallum, R. C., & Kiecolt-Glaser, J. K, "Distinguishing optimism from pessimism in order adults:Is it more important to be optimistic or not to be pessimistic?", *Journal of Personality and Social Psychology, 73*(6), 1997, pp.1345-1353.

Rogers, R. R, "Reflection in higher education:A concept analysis", *Innovative Higher Education, 26*(1), 2001, pp.37-57.

Rutter, M, "Psychosocial resilience and protective mechanisms", *American Journal of Orthopsychiatry, 57*(3), 1987, pp.316-331.

Scheier, M. F., & Carver, C. S, "Optimism, coping and health:Assessment and implications of generalized outcome expectancies", *Health Psychology, 4*(3), 1985, pp.219-247.

Scheier, M. F., & Carver, C. S, "Effects of optimism on psychological and physical well-being:Theoretical overview and empirical update", *Cognitive Therapy and Research, 16*(2), 1992, pp.201-228.

Scheier, M. F., Carver, C. S., & Bridges, M. W, "Distinguishing optimism from neuroticism and trait anxiety, self-mastery, and self-esteem:A reevaluation of the life orientation test", *Journal of Personality and Social Psychology, 67*(6), 1994, pp.1063-1078.

Schippers, M. C., Den Hartog, D. N., Koopman, P. L., & Wienk, J. A, "Diversity and team outcomes:The moderating effects of outcome interdependence and group longevity and the mediating effect of reflexivity", *Journal of Organizational Behavior, 24*(6), 2003, pp.779-802.

Schneider, S. L, "In search of realistic optimism", *American Psychologist, 56*(3), 2001, pp.250-263.

Schulman, P, Applying learned optimism to increase sales productivity", *Journal of Personal Selling and Sales Management, 19*(1), 1999, pp.31-37.

Seligman, M. E., & Csikszentmihalyi, M, "Positive psychology:An introduction", *American Psychologist, 55*(5), 2000, pp.5-14.

Seligman, M. E., & Schulman, P, "Explanatory style as a predictor of productivity and quitting among life insurance sales agents", *Journal of Personality and Social Psychology, 50*(4), 1986, p.832.

Snyder, C. R, "Conceptualizing, measuring, and nurturing hope", *Journal of Counseling and Development, 73*(3), 1995, pp.355-360.

Snyder, C. R, "Hope theory:Rainbows in the mind", *Psychological Inquiry, 13*(4), 2002, pp.249-275.

Snyder, C., Harris, C., Anderson, J. R., Holleran, S. A., Irving, L. M., Sigmon, S. T., Yoshinobu, L., Gibb, J., Langelle, C., & Harney, P, "The will and the ways:Development and validation of an individual-difference measure of hope", *Journal of Personality and Social Psychology, 60*(4), 1991, pp.570-585.

Snyder, C. R., Sympson, S. C., Ybasco, F. C., Borders, T. F., Babyak, M. A., & Higgins, R. L, "Development and validation of the state hope scale", *Journal of Personality and Social Psychology, 70*(2), 1996, pp.321-335.

Sofo, F., Yeo, R. K., & Villafañe, J, "Optimizing the learning in action learning:Reflective questions, levels of learning and coaching", *Advances in Developing Human Resources, 12*(2), 2010, pp.205-224.

Stajkovic, A. D, "Development of a core confidence-higher order construct", *Journal of Applied Psychology, 91*(6), 2006, pp.1208-1224.

Stajkovic, A. D., & Luthans, F, "Self-efficacy and work-related performance:A meta-analysis", *Psychological Bulletin, 124*(2), 1998, p.240.

Taylor, B, "Identifying and transforming dysfunctional nurse-nurse relationships through reflective practice and action research", *International Journal of Nursing Practice, 7*(6), 2001, pp.406-413.

Tetlock, P. E, I"dentifying victims of groupthink from public statements of decision makers", *Journal of Personality and Social Psychology, 37*(8), 1979, pp.1314-1324.

Thomas, G, "A typology of approaches to facilitator education", *Journal of Experiential Education, 27*(2), 2004, pp.123-140.

Thomas, G, "Facilitate first thyself:The person-centered dimension of facilitator education", *Journal of Experiential Education, 31*(2), 2008, pp.168-188.

Tikkamäki, K., & Hilden, S, "Making work and learning more visible by reflective practice", *Research in Post-Compulsory Education, 19*(3), 2014, pp.287-301.

Trehan, K, "Who is not sleeping with whom?:What's not being talked about in HRD?", *Journal of European Industrial Training, 28*(1), 2004, pp.23-38.

Tugade, M. M., Fredrickson, B. L., & Feldman, B. L, "Psychological resilience and positive emotional granularity:Examining the benefits of positive emotions on coping and health", *Journal of Personality, 72*(6), 2004, pp.1161-1190.

Van Seggelen-Damen, I. C., & Romme, A. G. L, "Reflective questioning in management education lessons from supervising thesis projects", *SAGE Open, 4*(2), 2014, pp.1-14.

Van Woerkom, M, "The concept of critical reflection and its implications for human resource development", *Advances in Developing Human Resources, 6*(2), 2004, pp.178-192.

Van Woerkom, M., & Croon, M, "Operationalising critically reflective work behaviour", *Personnel Review, 37*(3), 2008, pp.317-331.

Van Woerkom, M., Nijhof, W. J., & Nieuwenhuis, L. F, "Critical reflective working behaviour:A survey research", *Journal of European Industrial Training, 26*(8), 2002, pp.375-383.

Vince, R, "Organizing reflection", *Management Learning, 33*(1), 2002, pp.63-78.

Wagnild, G. M., & Young, H. M, "Development and psychometric evaluation of the resiliency scale", *Journal of Nursing Management, 1*(2), 1993, pp.165-178.

Walumbwa, F. O., Luthans, F., Avey, J. B., & Oke, A, "Authentically leading groups:The mediating role of collective psychological capital and trust", *Journal of Organizational Behavior, 32*(1), 2011, pp.4-24.

Wang, H., Sui, Y., Luthans, F., Wang, D., & Wu, Y, "Impact of authentic leadership on performance:Role of followers' positive psychological capital and relational processes", *Journal of Organizational Behavior, 35*(1), 2014, pp.5-21.

Wardale, D, "A proposed model for effective facilitation", *Group Facilitation:A Research & Applications Journal, 9*, 2008, pp.49-58.

Wenger, E, "Communities of practice:Learning as a social system", *Systems Thinker, 9*(5), 1998, pp.2-3.

Youssef, C. M., & Luthans, F, "Positive organizational behavior in the workplace the impact of hope, optimism, and resilience", *Journal of Management, 33*(5), 2007, pp.774-800.

Zeichner, K. M., & Liston, D. P, "Teaching student teachers to reflect", *Harvard Educational Review, 57*(1), 1987, pp.23-49.

이연주

건국대학교 글로컬캠퍼스 교양대학 교수.
인적자원개발학 박사.
퍼실리테이션, 코칭 리더십, 긍정심리학, 갈등관리와 커뮤니케이션 통로 구축 분야의
전문가.

저서
『대한민국은 왜 대통령다운 대통령을 뽑지 못하는가?』, 『AI 시대, 나를 지키는 행복
학』, 『발표와 토론』, 『대학생을 위한 말하기의 이론과 실제』 외 공저 다수.

퍼실리테이터의 비판적 성찰과 자기개발

초판 1쇄 인쇄 2022년 11월 4일
초판 1쇄 발행 2022년 11월 22일

지 은 이	이연주
펴 낸 이	이대현

책임편집	임애정
편 집	이태곤 권분옥 강윤경
디 자 인	안혜진 최선주 이경진
기획/마케팅	박태훈 안현진

펴 낸 곳	도서출판 역락
주 소	서울시 서초구 동광로46길 6-6 문창빌딩 2층 (우06589)
전 화	02-3409-2055(대표), 2058(영업), 2060(편집) FAX 02-3409-2059
이 메 일	youkrack@hanmail.net
홈페이지	www.youkrackbooks.com
등 록	1999년 4월 19일 제303-2002-000014호

ISBN 979-11-6742-410-5   93370